本书得到国家自然科学基金“基于社会网络视角的员工不
目编号：51904313）资助。

经管文库 · 管理类

前沿 · 学术 · 经典

民用航空安全投入问题研究

RESEARCH ON INVESTMENT IMPROVING IN CIVIL AVIATION SAFETY

贾子若 著

图书在版编目（CIP）数据

民用航空安全投入问题研究/贾子若著 .—北京：经济管理出版社，2022.10
ISBN 978-7-5096-8569-3

Ⅰ.①民… Ⅱ.①贾… Ⅲ.①民用航空—航空安全—安全投入—研究—中国
Ⅳ.①F562.6

中国版本图书馆 CIP 数据核字(2022)第 199935 号

组稿编辑：王　洋
责任编辑：王　洋
责任印制：黄章平
责任校对：董杉珊

出版发行：经济管理出版社
（北京市海淀区北蜂窝 8 号中雅大厦 A 座 11 层　100038）
网　　址：www. E-mp. com. cn
电　　话：（010）51915602
印　　刷：唐山玺诚印务有限公司
经　　销：新华书店
开　　本：720mm×1000mm/16
印　　张：9.25
字　　数：117 千字
版　　次：2022 年 12 月第 1 版　　2022 年 12 月第 1 次印刷
书　　号：ISBN 978-7-5096-8569-3
定　　价：88.00 元

前　言

安全投入是我国民航安全管理的重要环节之一，安全投入的科学性、投入方向的准确性、结构的合理性、时机的恰当性均是影响民航安全管理水平的重要原因。因此，要想提高我国民航安全管理水平、形成长效机制、保障民航行业持续安全发展，必须完善民航安全投入机制，保证安全投入的科学、合理、高效。但现阶段，我国安全管理的基础理论，特别是安全经济理论较为薄弱，影响了安全投入的实践，因此，需要对安全投入的理论及方法进行深入的研究，寻求行之有效的科学决策方法，对民航安全管理进行有效的指导。

本书将民用航空安全投入问题作为研究对象，综合运用安全经济学、安全管理学、博弈论、委托—代理理论、流变—突变理论等相关理论和方法进行研究，采用宏观分析与微观分析相结合、定量分析与定性分析相结合的方法，通过对我国民用航空安全投入现状及影响因素的分析，构建中央政府（民航局）与地方政府（地区管理局）、地方政府（地区管理局）与民用航空企业、民用航空企业与民用航空从业人员博弈模型，政府与民用航空企业单任务及多任务委托—代理模型，提出民用航空安全投入决策方法，并引入流变—突变等理论，探讨民用航空安全投入决策的最优策略，为民用航空安全投入提供建议。主要研究内容和结论如下：

（1）安全投入是保障安全生产与运营、改善作业环境、处理工伤事故、预防职业病危害等消耗的人力、物力以及财力的总和。安全投入分为主动性安全投入和被动性安全投入：主动性安全投入包括安全管理费、安全工程费、安全设备费、安全教育培训费、安全科研经费、安全奖金等，是安全的保证成本；被动性安全投入包括事故处理费、事故赔偿费、职业病治疗费等，是安全的损失成本。一般来说，主动性安全投入越高，系统安全性越高，发生事故的风险越小，被动性安全投入越少；反之，主动性安全投入越低，发生事故的风险越大，被动性安全投入越多。安全投入不仅能产生经济效益，而且可以促进企业长远的健康发展，当安全投入总量最低，而安全效益最大时，安全投入最优。

（2）梳理安全投入的各项影响因素以及我国民用航空安全管理的发展历程和现有模式，阐述我国民用航空领域参与各方的关系及其之间存在的委托—代理关系；在此基础上，运用博弈论构建中央政府（民航局）与地方政府（地区管理局）、地方政府（地区管理局）与民用航空企业、民用航空企业与民用航空从业人员三组博弈模型。分析发现中央政府（民航局）的监察力度和地方政府（地区管理局）的监管力度尚未发挥其最大的效力，民用航空企业安全投入受到四项因素的制约：地方政府（地区管理局）监管成本、安全不达标受到的处罚、安全达标民用航空企业提供的劳动报酬，以及民用航空从业人员离开不达标企业遭受的损失。

（3）依据我国政府及民用航空企业的实际，构建单任务及多任务的委托—代理模型。作为“经济人”的政府和民用航空企业之间存在信息不对称的问题，因此，需要形成激励相容机制，使政府（委托人）和民用航空企业

（代理人）均达到各自利益的效用最大化，促进安全投入的落实。根据研究发现，在单任务委托—代理模型最优激励条件下，民用航空企业管理者安全投入的意愿受激励程度与其努力成本系数、绝对风险规避度、收入方差呈负相关关系；多任务委托—代理模型在最优激励条件下，民用航空企业管理者安全投入的相对意愿和政府相对激励强度与不同任务受重视程度正相关、与民用航空企业管理者绝对风险规避度负相关、与不同任务的民用航空企业管理者收入方差正相关。

（4）系统分析民用航空安全投入决策的价值取向、程度与方法，提出我国民用航空安全投入决策应坚持安全与生产并重、以人为本、和谐社会的价值取向。基于“理性经济人”假设、“多多益善”假设以及边际效用递减假设，民用航空安全投入是必要的，并且只有合理的数量和规模才能发挥最大的效用。对于同一时期的不同企业或是同一企业的不同时期，安全投入的数量和规模都是不同的，因此要求决策者使用各种安全投入决策方法，依照科学的安全投入决策程序，做出科学的决策，并予以实施。因此，将流变—突变理论应用于民用航空安全投入问题的研究。民用航空安全投入的效果呈现安全流变—突出的特征，通过构建模型分别对民用航空企业期初一次性安全投入和后续安全投入的效果进行分析发现，安全投入可以分为流变阶段和突变阶段。安全流变阶段又分为不安全度减速增加阶段、不安全度稳定发展阶段、不安全度加速发展阶段以及灾害启动与发展阶段。所以安全投入不能仅在期初一次性投入，而必须在最佳安全时段及不安全度加速发展阶段进行后续投入，最迟不能迟于安全突变预警点，这样才能保证系统安全流变阶段尽可能延长，最大限度地发挥安全投入的效用。

（5）从行为传染、行为经济学及领导者个人特质三个视角进一步分析了民用航空企业安全投入决策，为民用航空企业安全投入决策行为的研究提供了新的研究视角。

目　录

第一章　绪论

一、民用航空安全投入的背景及意义

民航业是我国改革开放 40 多年来发展最快的行业，我国已经成为世界航空运输的大国之一，航空运输量位居世界第二①。中国民航一直在持续地快速发展，“十三五”以来，全行业在党中央、国务院的正确领导下，坚持新时期民航总体工作思路，积极应对国内外环境的复杂变化和各种风险挑战，屡创飞行安全新纪录，实现规模质量双提升，深化改革卓有成效，服务人民美好生活需要和支撑国家战略的能力显著增强，较好地满足了经济社会发展需要，基本实现了由运输大国向运输强国的历史性跨越②。

民航业具有高风险的特性，其安全管理具有突出的地位，民航业的持续

① 民航局规划发展司．从统计看民航（2020）［M］．北京：中国民航出版社，2020.
② 中国民用航空局．“十四五”民用航空发展规划［S］．2021.

安全是持续发展的最有力保障。“十三五”期间，中国民航始终以习近平总书记对民航安全工作的重要指示批示精神为指引，始终从总体国家安全和战略安全的层面认识和谋划安全工作，将安全作为头等大事来抓，坚持“安全是发展的前提”，是“十四五”期间民航强国建设进入新阶段的坚实基础①。

从百年的民航发展史来看，科技及管理水平的提高使得民航安全水平得到了较大的提升，航空事故率显著下降，民航成为现今最为安全的交通运输方式。随着人们出行方式中民航所占的比重越来越高，对民航安全的要求也日益提升。为了满足人民群众日益增长的安全需求，民航业需要构建一流的安全体系，亟待建立更为高效的民航安全管理机制，有效降低民航安全风险，实现我国民航行业的持续健康发展。

由于民航业的持续高速发展，民航安全面临着极大的挑战，迫切需要建立一种以持续安全为指导思想、与时俱进的民航安全管理的长效机制，构建一流的民航安全体系。此外，随着民航业发展呈现联盟化、一体化、网络化的特点，国家和地区的界限越来越模糊，民航业标准日趋国际化。在此形势之下，唯有提高民航安全管理水平才能适应国际化的发展。

中国民航始终坚持安全发展底线，树立民航系统安全观，正确处理安全和发展的关系，围绕运行、空防、适航、信息等民航安全链条，系统提升理论创新能力、风险防控能力、依法监管能力、安全保障能力和科技支撑能力，持续提升民航安全总体水平②。

2005 年，时任国家安全生产总局局长李毅中于“中国企业安全生产高层论坛”上发言指出，“企业安全生产工作是一个由各方面因素所构成的有机整体。要彻底改变企业安全状况，建立企业安全生产长效机制，必须从以

① 中国民用航空局．“十四五”民用航空安全生产专项规划［S］. 2022.

② 中国民用航空局．“十四五”民用航空发展规划［S］. 2021.

下五个基本要素入手，逐项抓好落实：一是安全文化，也即安全意识；二是安全法制；三是安全责任；四是安全科技；五是安全投入。安全需要投入，需要付出成本。设备老化、安全设施缺失是企业安全生产的心腹之患。隐患不除，永无宁日。目前煤矿、危化品等行业和领域事故多发，很重要的一个原因就是安全投入不足”①。安全投入是我国民航安全管理的重要环节之一，安全投入的科学性、投入方向的准确性、结构的合理性、时机的恰当性均是影响民航安全管理水平的重要原因。因此，提高我国民航安全管理水平，形成长效机制，保障民航行业持续安全发展，必须完善民航安全投入机制，保证安全投入的科学、合理、高效。但现阶段，我国安全管理的基础理论，特别是安全经济理论薄弱，严重影响了安全投入的实践。因此，需要对安全投入的理论及方法进行深入的研究，寻求行之有效的科学决策方法，对民航安全管理进行有效的指导。民航安全投入问题的研究，具有重要的理论意义和实践价值。

二、国内外研究现状

（一）国外安全经济研究现状

1. 事故损失及安全评价

国外有关安全经济问题的研究开始于 20 世纪 30 年代，主要研究领域是

① 李毅中．李毅中在首届“中国企业安全生产高层论坛”上的讲话［EB/OL］，http：//www. chinasafety. gov. cn/zhengwugongkai/2005-07/15/content_116182. htm.

事故损失研究及安全评价研究。

在事故损失研究领域，H. W. 海因里希 1931 年出版的《工业事故预防》一书中将事故损失分为两类，即直接损失（可保险的）与间接损失（不可保险的）。运用统计分析的方法，海因里希得出直接损失与间接损失平均比例为 1∶4 的结论。R. H. 西蒙兹在 1949 年推翻海因里希 1∶4 的结论，提出计算事故总损失的平均值法。随后，日本学者野口三郎提出了确定损失的逐项统计法。美国学者 A. Veltri 在 1990 年提出了计算事故总损失的“量—本—利分析方法”。

安全评价领域的研究包含危险评价和风险评估，均来源于 20 世纪 30 年代美国保险业的发展。其受到重视的原因是，“二战”后工业生产尤其是化学工业的发展，生产大型化和复杂化导致生产中重大事故不断发生，损失规模不断扩大。现阶段，安全评价（危险评价、风险评估）形成了安全检查表法、故障树分析法、事件树分析法、预先危险分析法、故障模型及影响分析法、危险可操作性研究法、火灾爆炸指数评价法、人的可靠性分析法等较为成熟的评价方法。随着学科交叉的发展，安全评价中引入模糊数学和计算机技术，利于人工神经网络、计算机专家系统、决策支持系统等方法进行动态评价，提高了安全评价的准确性。

2. 安全投入与安全效益

20 世纪 90 年代开始，国外对安全投入与收益的关系进行相关研究，多采用经济学中的计量分析模型。1990 年，Brody 对北美魁北克省的工伤意外事故进行研究，提出广泛意义上的安全预防成本概念，得出安全预防支出具有潜在盈利能力的结论。1994 年，Keeler 指出，在投资额度及投资结构一致的前提下，由于地区、行业、企业自身的差异，安全收益受到社会体制、技术、经济等多种因素的影响，呈现较大的差异性[①]。2005 年，Elyce 等以企业为对象，从职业健康安全的角度对安全投入和安全收益进行了估算[②]。2009 年，Karen 指出，大型煤矿比小型煤矿的安全性更高，任务复杂的煤矿比任务简单的煤矿安全性更高[③]。

3. 安全投入监管

安全投入监管的相关研究在外文文献中使用“regulation”一词，可译为管制、监管、制约等，即政府为制止企业过于重视企业自身的利益忽视“社会利益”的决策所采取的相关制度。对于安全管理来说，就是政府相关机构通过制定和执行相关安全生产法律法规，对企业的安全生产行为进行监督、检查和处理，以保证企业生产经营过程中的安全[④]。

学界对于安全投入监管的有效性存在质疑。美国职业安全与健康标准建立之初，工伤呈现稳定下降的趋势，可以得出安全监管与事故率呈显著的负相关关系[⑤]。Scholz 和 Gray 对 1979~1985 年的数据进行分析，其结果支持上述结论[⑥]。但对 1973~1983 年的制造业数据进行分析，没有得出二者间具有

---

① Keeler, Theodore E. Highway Safety, Economic Behavior, and Driving Environment [J] . American Economic Review, 1994, 843: 684-693.

② Elyce Biddle, Tapas Ray, Kwame Owusu-Edusei Jr, Thomas Camm. Synthesis and Recommendations of the Economic Evaluation of OHS Interventions at the Company Level Conference [J] . Journal of Safety Research-ECON proceedings, 2005 (36): 261-267.

③ Karen Page. Blood on the Coal: The Effect of Organizational Size and Differentiation on Coal Mine Accidents [J] . Journal of Safety Research, 2009, 40 (3): 85-95.

④ 刘海波．安全生产管制研究 [D] ．吉林：吉林大学硕士学位论文，2004.

⑤ Viscusi, W. K. Wealth Effects and Earning Premiums for Job Hazards [J] . Review of Economics and Statistics, 1978 (60) .

⑥ John T. Scholz, Wayne B. Gray. OSHA Enforcement and Workplace Injuries: A Behavioral Approach to Risk Assessment [J] . Journal of Risk and Uncertainty, 1990, 3 (3): 283-305.

相关关系的结论①。McCaffrey（1983）②和Ruser（1991）③的研究同样未得出相关性的结论。

（二）国内安全经济研究现状

1. 事故损失与安全评价

我国安全经济问题的研究起步较晚。与国外研究相同，开始时研究领域也集中于事故损失研究和安全评价研究。

在事故损失研究领域中，多位学者出版了学术专著，其中，具有代表性的成果如下：

1992年，宋大成翻译了《职业性事故与疾病的经济负担》④一书。1993年，罗云出版的《安全经济学导论》⑤一书是我国安全经济学研究的第一部专著。1996年，陈宝智出版的《危险源辨识控制与评价》，提出两类危险源的事故致因理论。2003年，何学秋出版了《安全工程学》⑥。2004年，田水承出版了《现代安全经济理论与实务》⑦，王凯全、邵辉出版了《事故理论与分析技术》⑧。2006年，罗云出版了《事故分析预测与事故管理》⑨。

---

① Viscusi, W. K. The Impact of Occupation Safety and Health Regulation, 1973-1983［J］. The Rand Journal of Economics, 1986, 17（4）: 234-268.

② McCaffrey, D. An Assessment of OSHA's Recent Effects on Injury Rates［J］. The Journal of Human Resources, 1983, 18（1）.

③ Ruser. J, S. Robert. Re-estimating OSHA's Effects: Have the Data Changed［J］. The Journal of Human Resources, 1991, 6（2）.

④ D. 安德列奥尼. 职业性事故与疾病的经济负担［M］. 宋大成，译. 北京：中国劳动出版社，1992：5.

⑤ 罗云. 安全经济学导论［M］. 北京：经济科学出版社，1993.

⑥ 何学秋. 安全工程学［M］. 徐州：中国矿业大学出版社，2003：6.

⑦ 田水承. 现代安全经济理论与实务［M］. 徐州：中国矿业大学出版社，2004：8.

⑧ 王凯全，邵辉. 事故理论与分析技术［M］. 北京：化学工业出版社，2004：5.

⑨ 罗云. 事故分析预测与事故管理［M］. 北京：化学工业出版社，2006：1.

2. 安全投入与安全效益

近年来，国内学者对安全投入与安全效益的研究也取得了丰硕的成果。2003年，刘振翼等研究了安全投入与事故率、伤亡率之间的关系，得出安全投入与其相关因素呈负相关关系的结论[①]。2004年，侯立峰和何学秋建立了安全投资决策的目标规划模型，优化安全投资组合，取得有限安全投资效果最优的结果[②]。李祥等运用数学方法研究了在多种生产要素受限的条件下，安全投资影响最优的问题[③]。2005年，王寒秋得出安全投入应加强重视程度，合理的安全投入是提高企业安全效益与经济效益的关键的研究结论[④]。2006年，刘莉君、施式亮建立安全产出与安全投入的计量经济学模型，指出我国安全生产规模报酬递减[⑤]。2009年，汪赛等研究得出安全效益不仅与安全投入大小有关，而且还与安全投入的结构有关的结论[⑥]。张杰等研究指出安全投入的效益具有间接性、不确定性、隐形性、潜在性和迟滞性的特点[⑦]。2012年，易俊对重庆市安全生产现状进行实证研究，通过分析安全投入与死亡率之间的关系，得出安全投入与死亡率成反比的结论。

3. 安全投入监管

我国学者对于安全投入的监管问题的研究主要集中在监管体制、法律和制度等方面。李豪峰和高鹤（2004）在研究煤矿安全管理时发现，垂直管理

---

① 刘振翼，冯长根，彭爱田，等．安全投入与安全水平的关系［J］．中国矿业大学学报，2003，32（4）：47-51.

② 侯立峰，何学秋．安全投资决策优化模型［J］．中国安全科学学报，2004，14（10）：29-32.

③ 李祥，汪莉，贺耀荣，等．安全投资经济分析与效益评价［J］．中国安全科学学报，2005，15（3）：26-29.

④ 王寒秋．煤矿安全投入与经济效益关系浅析［J］．中国煤炭，2005，31（5）：60-61.

⑤ 刘莉君，施式亮．中国安全经济贡献率的计量分析［J］．中国安全科学学报，2006（1）：55-59.

⑥ 汪赛，李新春，彭红军．基于安全效益分析的煤炭企业安全投入决策模型［J］．统计与决策，2009（5）：52-54.

⑦ 张杰，苗金明，周心权，等．安全生产效益的分析评价及其与安全投入的关系［J］．中国安全科学学报，2009，19（3）：49-54.

的安全监管体制是煤矿安全管理水平和安全投入的重要影响因素，正是由于垂直安全监管体制的存在，煤矿才会加大安全投入，加强安全管理[①]。肖兴志和孙阳（2006）对我国煤矿安全事故进行分析，认为安全投入不足、安全管理不到位、法律不健全是我国煤矿安全事故高发的主要原因[②]。戚安邦和刘广平（2010）对我国煤矿安全监管体制进行了调查与分析，发现煤矿的安全监管薄弱，违章作业现象非常普遍，并且煤矿还受计划经济体制的残留影响，又受到市场经济的左右，缺乏有效的安全监管[③]。

曾初云等（2006）[④]、刘超捷（2010）[⑤] 从法律角度研究了安全投入问题，发现安全监管制度不完善、法律不健全、对违法行为的处罚较轻，是我国煤矿安全事故高发的主要原因。

通过国内外研究现状的分析可以发现，我国对于安全投入及其相关研究，主要集中在煤矿领域，国外学者对安全投入的研究涉及的范围更广，研究范围涉及各行各业，不局限于煤矿行业。此外，我国在安全经济问题的研究上，相对于安全管理的其他问题研究较为薄弱，尤其缺乏对包括煤炭行业在内的各个行业的安全投入问题的相关研究，在某些行业甚至空白。

---

① 李豪峰，高鹤．我国煤矿生产安全监管的博弈分析［J］．煤炭经济研究，2004（7）：72-75.

② 肖兴志，孙阳．煤矿安全规制的理论动因、标准设计与制度补充［J］．产业经济研究，2006（4）：62-67.

③ 戚安邦，刘广平．基于体制视角的煤矿矿难成因及对策研究［J］．中国安全科学学报，2010，20（8）：22-29.

④ 曾初云，杨思留，刘超捷．基于法律经济学的分析——论煤矿生产安全事故频发的原因［J］．煤矿安全，2006，37（12）：76-80.

⑤ 刘超捷．论煤矿安全投入法律制度的完善［J］．法学杂志，2010（11）：78-81.

三、研究方法

（一）宏观分析与微观分析相结合的方法

我国民用航空安全管理的三级监管体系中，包含两个层面的内容：一是以中央政府（民航局）和地方政府（地区管理局）为主体的安全监察监管的宏观层面，需要研究政府激励对民用航空企业安全投入的激励机制；二是民用航空企业自身的微观层面，需要分析民用航空企业与民用航空从业人员之间的博弈关系，进行民用航空安全投入最优决策方案。

（二）定量分析与定性分析相结合的方法

从定性的角度分析我国民用航空安全投入机制的内涵，总结我国民用航空安全管理的内容与模式，运用博弈论和委托—代理理论，分析中央政府（民航局）与地方政府（地区管理局）、地方政府（地区管理局）与民用航空企业、民用航空企业与民用航空从业人员之间的关系；从定量角度分析我国民用航空安全投入的最优决策策略。

四、研究内容

本书的主要研究内容如下：

第一章绪论，阐述本书的研究背景、意义，简述国内外研究现状和本书的主要研究内容与技术路线。

第二章民用航空安全投入研究综述，首先对本书研究所涉及的相关概念进行定义，其次界定安全投入的研究范畴，最后阐述本书研究所应用的主要理论。

第三章我国民用航空安全投入机制分析，通过对我国民用航空安全现状、民用航空管理发展的历程、民用航空安全投入现状的分析，得出目前我国民用航空安全投入的影响因素。

第四章民用航空安全投入机制的经济学分析，在分析安全的公共性以及安全的利益性的基础上，对中央政府（民航局）与地方政府（地区管理局）、地方政府（地区管理局）与民用航空企业、民用航空企业与民用航空从业人员进行博弈分析，在此基础上对民用航空安全投入的委托—代理模型进行分析。

第五章民用航空安全投入机制的优化研究，在阐述安全投入决策的基本理论、安全投入的决策方法的基础上，引入流变—突变理论分析民用航空安全投入的问题，得出安全投入的最佳策略。

第六章民用航空安全投入机制的再讨论，从行为传染、行为经济学及领导者个人特质三个视角再次分析了民用航空企业安全投入决策，从新的研究视角分析民用航空企业安全投入决策行为。

第七章结论，对本书研究的主要内容和创新点进行总结，并对我国民用航空安全投入问题的研究做出进一步展望。

本书的技术路线如图 1-1 所示。

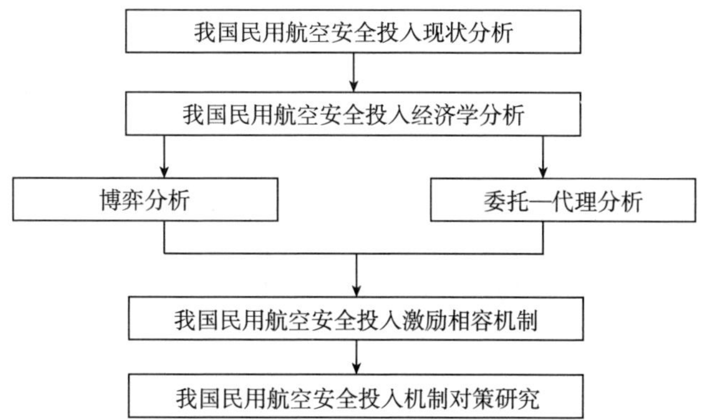
我国民用航空安全投入现状分析
我国民用航空安全投入经济学分析
博弈分析
委托—代理分析
我国民用航空安全投入激励相容机制
我国民用航空安全投入机制对策研究

图 1-1 技术路线

第二章 民用航空安全投入研究综述

一、基本概念

(一) 安全

《现代汉语词典》中对安全[①]的解释是：没有危险，不受到威胁或没有发生事故。通俗地说，安全就是没有危险、没有损失，是一种能够使人的身心健康免受外界因素影响的状态，也可以看作人、机器以及环境三者间的协调或者平衡状态，一旦打破平衡，安全就不复存在。但是，现实中绝对的安全是不存在的，安全只是一种相对的状态，也就是说，安全是在具有一定危险性的条件下的某种状态，安全并不代表着绝对不会发生事故。安全和危险

① 中国社会科学院语言研究所词典编辑室．现代汉语词典：2002 年增补本［M］．北京：商务印书馆，2005：7.

是可以相互转化的，对危险进行控制可以达到安全的状态，但安全状态中也潜藏着危险。

总的来说，安全是指在生产过程中，将人员伤害和财产损失控制在可接受水平之下，一旦超过可接受水平就可能会发生危险①。

对于整个社会而言，安全事关整个人类的生存。对生产建设而言，安全可以被视为一种生产力，安全可以避免损失，产生效益。所以社会发展离不开安全，安全会对整个社会的发展产生效益，必须在生产过程中强调安全生产。安全生产②是指为预防生产过程中可能发生的人身、设备事故，形成良好的劳动环境和工作秩序，所采取的一系列措施和进行的活动。《中国大百科全书》中安全生产的定义是：安全生产是旨在保障劳动者在生产过程中的安全的一项方针，也是企业管理中必须遵循的一项原则，要求最大限度地减少劳动者的工伤和职业病伤害，保障劳动者在生产过程中的生命安全和身心健康。《安全科学技术词典》中将安全生产解释为，企事业单位在劳动生产过程中人身安全、设备安全、产品安全以及交通运输安全等。

（二）安全投入

目前，学界对安全投入的定义尚未统一。罗云将安全投入定义为一国或者一个企业用于与安全有关的费用的总和，包括安全措施经费投入、个人防护用品投入、职业病预防费用等③。陈宝智将安全投入定义为控制生产过程中的危险源，消除事故隐患，创造安全生产条件而投入的人力、物力与财力。④

---

① 郑爱华．煤矿安全投入规模与结构分析及政府安全分类监管研究［D］．江苏：中国矿业大学博士学位论文，2009.

② 辞海［M］．上海：上海辞书出版社，1997：2862.

③ 罗云．安全经济学［M］．北京：化学工业出版社，2004.

④ 陈宝智．安全原理（第二版）［M］．北京：冶金工业出版社，2002.

安全投入具有经济属性和社会属性的二重属性，经济属性是指安全投入的资金遵循投资收益的原则，投入过少无法满足安全生产的需要，投入过多则会造成浪费；社会属性是指安全投入为了满足社会及人们生活的需要，需要遵守国家的法律法规和社会道德。

按照安全管理的不同目标，安全投入既包含生产性投入又包含安全性投入。生产性投入直接投入生产活动，以生产效益为目的，安全性投入则是为了提高安全生产水平。按照安全投入的内容，安全投入包含在安全管理活动中投入的各种资源，既包含直接安全投入，也包含间接安全投入（见图 2-1）。直接安全投入一般指事故处理费、事故赔偿费、安全设备费、安全管理费等，是为提高安全水平直接消耗的部分。间接安全投入一般包含安全教育费、安全培训费、安全文化建设费等，提高人员的素质从而提高安全生产水平的投入。按照安全投入的方式，安全投入可以分为主动性安全投入和被动性安全投入，主动性安全投入是企业为预防和减少事故，提高企业自身的安全管理水平而投入的安全费用，包含设备购置费、培训教育费、安全文化建设费、安全奖金等。被动性安全投入是指企业为了保障正常的生产运行，而不得不投入的费用，一般是事故发生后的事故处理费用，包括事故处理费、事故赔偿费、职业病诊治费等。

综上所述，安全投入，对于企业的安全生产与运营意义重大，安全投入可以通过提高从业人员素质，提高安全科学技术和安全管理水平，达到减少和控制人的不安全行为、物的不安全状态，实现安全生产的终极目标。对于民用航空企业来说，安全投入具有特殊性。

首先，安全投入的额度较大。目前，我国尚未对我国境内的民用航空公司安全生产费用的提取出台相应的法律法规，我国民用航空管理局也未有

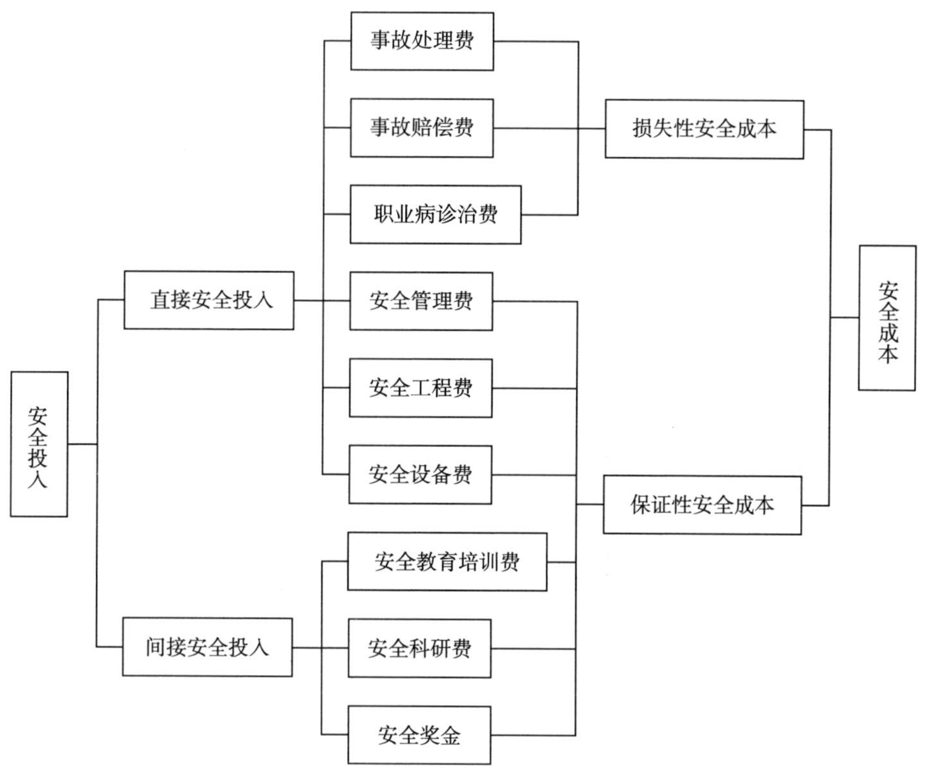

图 2-1　安全投入与安全成本之间的内在关系

正式规定。但参照我国 2012 年出台的《企业安全生产费用提取和使用管理办法》中对于交通运输业的规定：交通运输企业以上年度实际营业收入为计提依据，按照以下标准平均逐月提取，普通货运业务按照 1%提取，客运业务、管道运输、危险品等特殊货运业务按照 1.5%提取。以中国南方航空股份有限公司为例，2012 年的营业收入为 1014.83 亿元，按照 1%标准提取，安全生产费用应提取额度为 101.48 亿元。但由于相关法律法规的欠缺，以及监管力度不够，大多数航空公司用于安全生产的投入基本不能达到其营业收入的 1%。

其次，安全投入的收益具有滞后性。理论上，安全投入可以产生收益的观点虽然得到了广泛的认可，但在实际中，安全投入产生的收益需要经过一段时间才能发挥出来，甚至是在发生事故后才能够显现，如对人员的安全培训等，其收益在平时是不能立竿见影地显现出来的。这在一定程度上，也降低了企业对于安全投入的积极性。

再次，安全投入具有隐蔽性。按照经济学的解释，收益可以分为增值收益和减损收益。增值收益是通过安全投入提高的劳动生产率，稳定工作环境导致的劳动者积极性的提升等因素作用下增加的效益。减损收益是避免事故或者减少事故损失所带来的收益，如事故赔偿、职业病防护、国家要求的各种保证金等。但从实际情况来看，无论是增值收益还是减损收益都难以用数据或产品来衡量，因此，可以说安全投入具有隐蔽性。

最后，安全投入具有系统、动态的特性。安全投入是企业的工作，不仅以企业自身的经济情况为依据，还受到国家相关的监管部门、地方政府等机构的影响。此外，目前我国现有的法律法规、相关安全管理制度等也是重要的影响因素，这些因素同时作用于企业安全投入，使企业形成自身有特色的安全投入机制，同时，由于企业内外部环境的不断变化，各种因素也不断变化，企业的安全投入并非一成不变，而是时刻变化的。

企业的安全投入是用来保证安全生产和运营的费用，但与安全成本不同，安全成本可以分为保证性成本和损失性成本，保证性成本是用来保证和提升企业安全生产水平而支出的成本，如安全工程费和安全预防费。安全工程费是指购置安全设备的费用、劳动保护费、机器修理费等；安全预防费是指安全培训教育费、保险费、安全奖金等。损失性成本是为了恢复正常的生产运营活动的成本，以及事故本身造成的损失，包括物资损坏、人员伤亡的赔偿，医护费用等企业内部损失，以及由于事故导致的停工、事故造成的社会影响等企业外部损失。也就是说，安全成本和安全投入在内容上基本类似，但安全投入是事先的，安全成本是事后的，可以通过图表的形式阐述二者的关系。

安全投入实质上也是一种投资活动，是为了活动经济效益而提前指出的货币或者其他的资源，投资必然有投资的主体。《经济大辞海》中对于投资主体①的定义是，投资主体是具有独立投资决策权的经济主体。这就是说，投资主体能够独立地决定投资方向、投资数额等，并且拥有足够的资金来源，包括自有的资金和通过各种渠道筹集到的资金，并对此有所有权和支配权。对于安全投入的主体来说，一方面，不论投入资金的数额大小和产生的作用大小，所有提供安全投入资金的主体都可以看作安全投入的主体。另一方面，安全投入主体是指主要的安全投入资金的提供者。本书在研究中认为安全投入的主体主要是指民用航空企业。

（三）安全投入机制

安全投入问题还涉及安全投入的机制。机制在《现代汉语词典》中有三重含义：一是指机器的构造或工作原理，二是指有机体的构造、功能和相互关系，三是指一个工作系统的组织或部分之间相互作用的过程和方式②。本书在研究中将安全投入机制定义为影响煤矿安全投入系统的各类宏观及微观因素，包括安全投入中的人力、物力、资金、技术、制度、组织体系、安全文化等微观因素，也包含社会、经济、政治、法律、科技等宏观因素，这些因素相互作用，形成了有机的安全投入机制体系③（见图 2-2）。

---

① 张跃庆，张念宏．经济大辞海［M］．北京：海洋出版社，1992.

② 中国社会科学院语言研究所词典编辑室．现代汉语词典：2002 年增补本［M］．北京：商务印书馆，2005：7.

③ 王德维．建立煤矿安全生产长效机制探析［J］．矿业安全与环保，2004，31（3）：19-28.

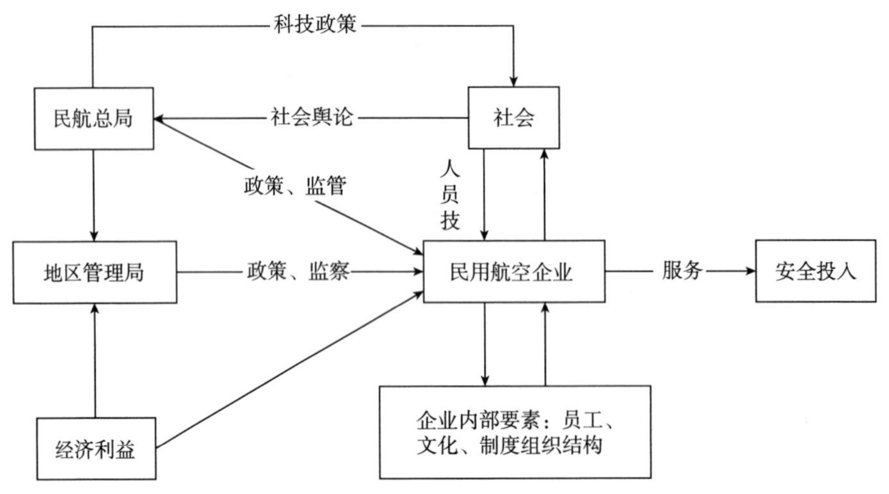

图 2-2　安全投入机制体系结构

在我国民用航空现行的安全投入机制中，中国民用航空局负责安全投入的监察工作，各地方管理局负有一定的监管责任。社会群众和社会组织通过媒体、舆论等方式对安全监管工作进行监督，也提供安全技术和人力资源的保障，以上因素相互影响、互相作用。

二、安全投入的研究范畴

（一）安全投入的内涵

我国学者对安全投入的研究范畴进行了诸多研究，主要集中于煤炭行业。其中李树刚等（2009）将安全投入分为人员投入、科技投入和安全管理投入三部分①；卢国志等（2003）认为安全投入可以划分为劳保用品投入、工业卫生技术投入、宣传教育投入、安全技术措施投入、辅助设施投入、职业病防治费用、保健投入、事故处理费、修复投入②；郑爱华（2009）认为安全投入的研究范畴包含安全技术措施费、工业卫生措施费、安全教育费用、劳动保护费用、日常管理费用五部分③；段海峰等（2006）将安全投入的研究范畴划分为国家基础性安全投入和企业保障性安全投入两类，其中国家基础性安全投入包括科技投入、从业人员教育投入、安全管理投入；企业保障性安全投入是指企业层面的安全投入④。

我国民用航空领域的安全投入虽然没有特别清晰的规定，但其形式与其他行业的安全投入类似。民用航空的安全投入作为衡量航空企业安全活动消耗各种资源的重要尺度，主要是指航空企业在实现安全管理和航运的过程中所消耗的人、财、物、资源的总和，例如，改进运营的环境、加强员工的培训教育、建立企业独有的文化、加强员工作业安全、合理化管理对事故隐患等投入的资源全部包括在航空公司安全投入内。结合上述研究成果，可以将我国民用航空领域的安全投入研究范畴进行划分。安全投入分为安全生产费用、安全教育费用、安全卫生设施费用、劳动保护费用及日常安全监管费用五个部分（见图 2-3），各部分介绍如下：

---

① 李树刚，成连平，景兴鹏，等．煤矿安全投入评价指标体系构建方法研究［J］．中国安全科学学报，2009，5（5）：93-96.

② 卢国志，李希勇，宁方淼．煤矿安全指标评价体系研究及应用［J］．安全与环境学报，2003，3（3）.

③ 郑爱华．煤矿安全投入规模与结构分析及政府安全分类监管研究［D］．江苏：中国矿业大学博士学位论文，2009.

④ 段海峰，王立杰，荆全忠．煤矿安全投入和安全成本的界定［J］．中国安全科学学报，2006，16（6）：65-70.

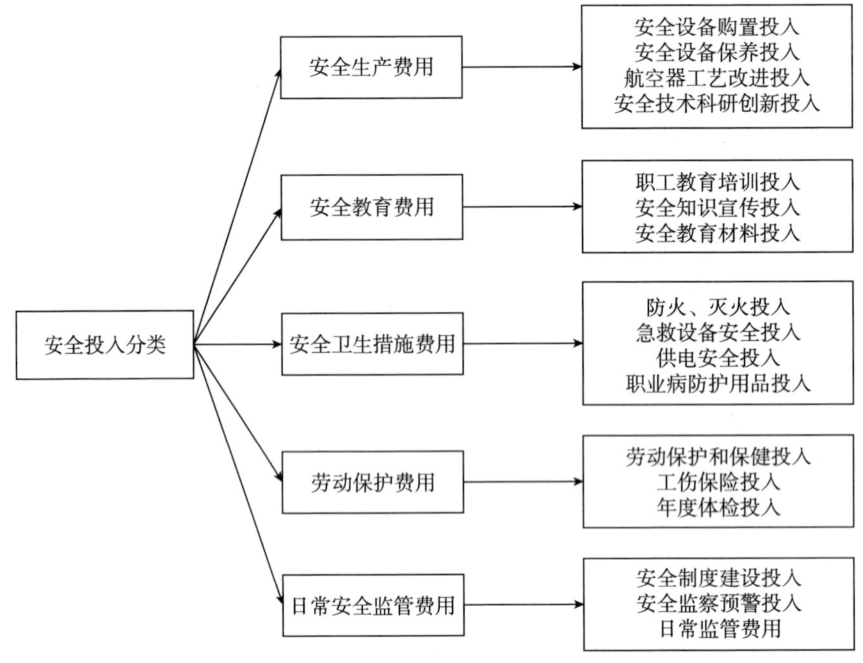

图 2-3　安全投入分类

（1）航空企业安全生产费是对运营器械、设备安全的投入费用，主要是指对航空器及其他辅助设备的维护、监管、保养等投入。

（2）安全教育培训费用及劳动保护费用的目的在于培养、提高企业员工的安全意识，减少一线作业职员因人为差错而造成严重后果。

（3）航空企业对卫生措施方面的费用投入是指对平时工作场合方面的安全投入，如职业病防护用品及急救设备等卫生方面。

（4）劳动保护费用投入包括以工伤保险、体检等为主，为职员身心健康而投入的费用。

（5）日常安全监督管理费用是为了确保航空企业每日的监管等活动可以有序并且安全进行而投入的费用。

（二）安全投入资金来源

安全投入的资金来源也是安全投入研究的范畴，一般安全上投入的资金由多个因素共同决定，现阶段我国生产运营单位的主要投入来源有以下两点：一是国家投入相应资金扶持，二是企业自己筹备（见图 2-4）。

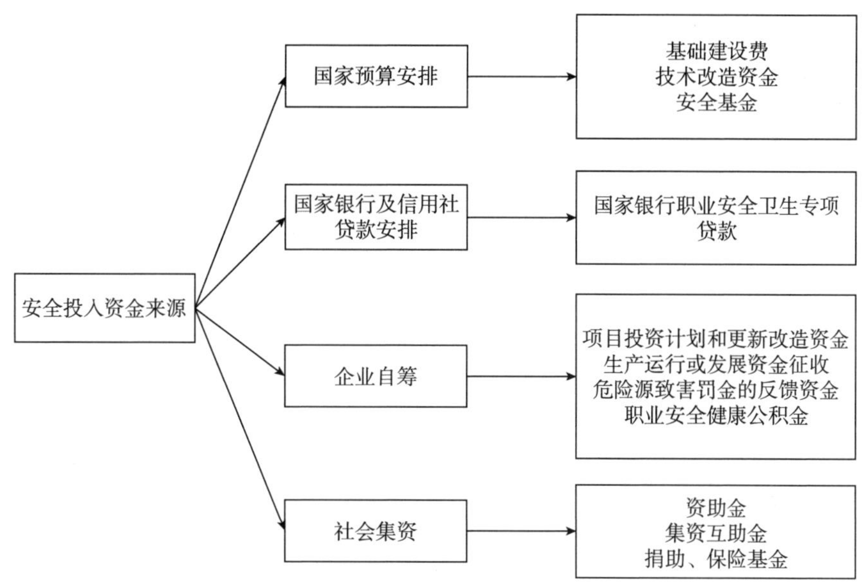

图 2-4　安全投入资金来源

（1）按照具体监管的办法，我国相关管理等机构提前听取各行业或部门的需求，再向各个部门合理分配安全技术专项费用。

（2）企业安排的预算。主要包括与生产有关联的安全生产设施、设备等固定资产费用的预算。

（3）按年度领取的企事业单位安全人力、物力费用。领取此费用的方式、方法会因行业性质而不同，总而言之，就是按不同的比例从企业的营业收入中提取的部分金额。

（4）企业留存的用于职员工伤保险费用的利润或者福利费。

（5）一般情况下企业会将具有生产性质的费用的一小部分用来支付保护企业员工健康与劳务保健的费用。

航空公司需要结合当地的航空投资状况、公司的管理能力、航运成本等因素进行深入调研测算，通过申请国家科研基金和项目经费、银行贷款、航空公司自留发展资金、社会的资助四个方面获取航空安全生产费用。

三、安全投入相关理论

（一）安全投入与安全效益模型

根据经济学理论可以得知，安全投入对安全产出有重要的影响。安全投入达到一定的量时才能够使安全产出产生质的变化。在安全投入之初，安全效益的增加只能促使安全产出缓慢地增加，对安全水平的提升也是缓慢的[①]（见图 2-5）。当安全投入积累到一定量时（S_1 点），安全效益会出现大幅增加的情况，安全水平得到大幅提升。但是，当安全投入继续不断增加，达到一定量时（S_2 点），安全效益会出现下降，安全水平也会出现下降。因此，学界一般把 S_1 点作为安全失稳点，当安全投入达到 S_1 点时安全效益增加，安全水平会得到明显提升；S_2 点一般被称为安全保障点，在安全投入达到 S_2 点时，安全投入的边际效益开始下降，安全投入的增加已经在提高安全生产

① 钱永坤．煤炭工业经济实证研究［M］．北京：煤炭工业出版社，2005：51-55.

水平，此时，重大事故基本不会出现，因此，安全保障点 S_2 点可以被视为安全投入最佳的点（见图 2-6）。对于不同行业不同企业来说，安全保障点也不相同，如果选择企业自身最佳的安全保障点，是企业在安全投入方面做出正确的决策，避免盲目投资，是企业亟待解决的重要问题之一①。

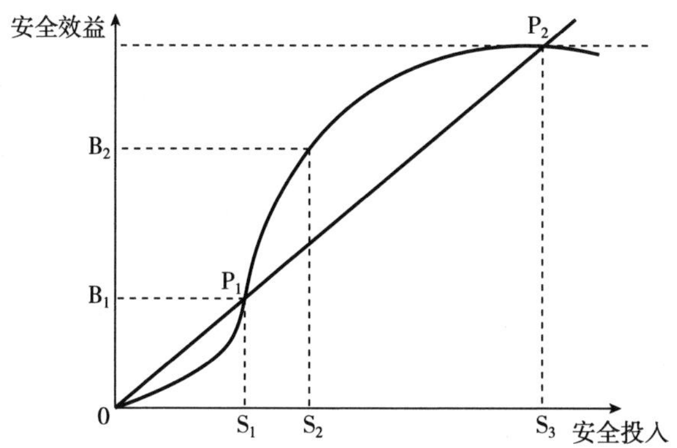

图 2-5 安全投入—安全效益曲线

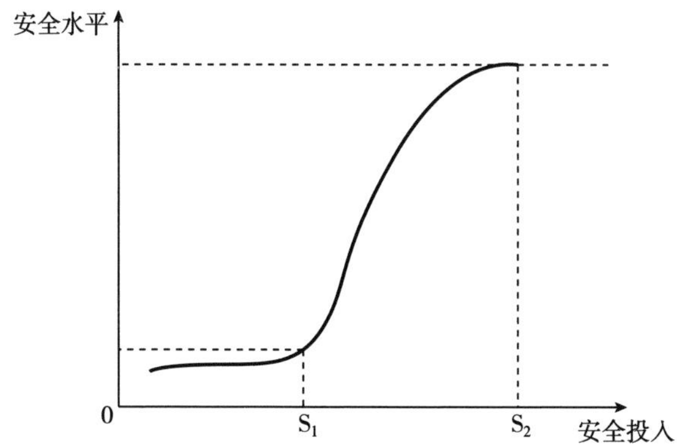

图 2-6 安全投入—安全水平曲线

---

① 赵正宏．安全生产五要素的理论与实践［M］．北京：中国农业科学技术出版社，2006：148-150.

综合分析安全投入—安全水平曲线和安全投入—安全效益曲线，可以得出，安全投入处于 $0 \sim S_1$ 的区间时，企业抵御风险和应对事故的能力低下，不能完全保障企业正常的安全生产和运营。同时，企业也应该充分意识到并非投入越多企业的安全效益就越高，在超过 S_2 点后，安全投入增加反而会带来安全效益的降低，这时盲目的安全投入就是一种浪费。在 $S_1 \sim S_2$ 之间，安全投入的增加会导致安全效益的提高，有利于企业安全水平的提升，但企业管理者和决策者也应该清醒地认识到，不同企业有其自身不同的特性，安全投入带来的安全效益的提升比例也不尽相同，S_1、S_2 点也不相同，每一个企业都需要结合自身的内外部情况去探索本企业自身的最佳安全投入点。

（二）安全投入总量优化模型

根据前文分析的结论，安全投入可以分为主动性安全投入和被动性安全投入，二者相加构成安全投入的总量①。主动性安全投入是指企业为预防和减少事故而投入的资金，根据实践的经验，企业主动性安全投入越大，安全效益会越好，事故发生率就越低，所以主动性安全投入和安全水平是正相关关系。被动性安全投入一般是在安全生产事故发生之后进行事故处理时投入的各种费用，所以，一般来说，被动性安全投入越多，意味着事故处理工作越多，也就是事故发生的越多，因此，被动性安全投入与安全水平是负相关关系。

将安全投入总量设为 F（S），主动性安全投入设为 D（S），被动性安全投入设为 L（S），其中，S 代表安全水平，所以有 F（S）=D（S）+L（S）。

① 刘伟，王丹．安全经济学［M］．徐州：中国矿业大学出版社，2008：256-274.

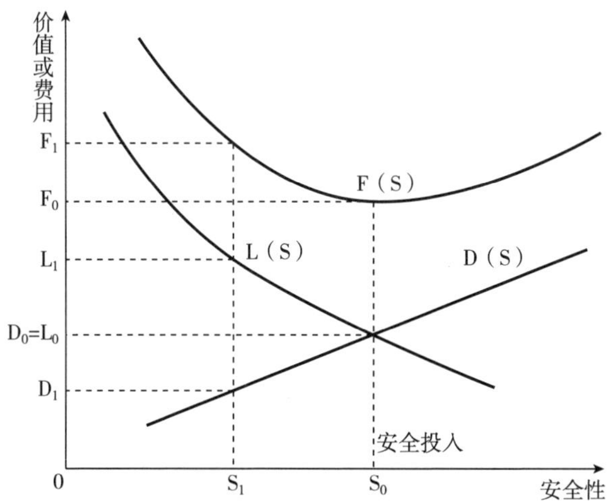

图 2-7　安全投入总量优化模型

由图 2-7 安全投入总量优化模型可知，安全投入总量的最低点是 F_0，此时，主动性安全投入 D（S）与被动性安全投入 L（S）的值相等，即 $D_0=L_0$，此时，是安全投入的最佳点。在最佳点的左侧，被动性安全投入明显高于主动性安全投入，同时，对于安全投入的总量来说，也不是最低值，这就意味着，在这个阶段，企业的安全投入总量较高，但事故仍然高发，安全水平较低。同理，在最佳安全投入点的右侧，主动性安全投入高于被动性安全投入，并且安全投入的总量较高，也就是说，企业用于预防的资金过高，而产生的安全效益并非最佳，这种情况要视企业自身的情况决定，如果企业希望将大多数风险纳入可控的范畴，并且具有一定的经济实力，可以采取此类办法，但需要明确的是，高安全投入的安全效益并非最佳。

（三）博弈论

20 世纪 70 年代，经济学家在研究个人的基础效用函数时发现，信息是一个重要的影响因素。同时，在对个体行为的研究时发现，个体决策一般遵循时间顺序，个体决策受其他人影响的同时，也影响着其他行为人。博弈论正是在这种背景下形成的对决策的信息和时间顺序影响的理论，自 20 世纪 80 年代起，博弈论成为经济学的重要理论之一。

博弈论起源于冯·诺伊曼（John von Neumann）与摩根斯坦恩（Oskar Morgenstem）1944 年合作出版的著作《博弈论和经济行为》（*The theory of Games and Economic Behavior*），在此书中，首次提出了标准型、扩展型以及合作型博弈模型的概念以及分析方法，奠定了博弈论的理论基础。20 世纪 50 年代，博弈论的研究达到了巅峰，涌现出了许多伟大的学者，其中最为杰出的学者纳什（Nash）的“讨价还价模型”和“非合作博弈”两篇论文，提出了著名的“纳什均衡”，将合作博弈和非合作博弈区分开来①②。

博弈论是数学和经济学的交叉学科，是研究博弈中如何实现博弈均衡。博弈是决策主体（个人、企业、集团等），面对一定的环境的条件，在一定的规则下，同时或先后，一次或多次，从各自允许选择的行为或策略中进行选择并加以实施，各自取得相应结果的过程。Alchian（1950）指出，即便是决策主体并非理性，进化的压力也足以使决策主体采取最佳的行为，即纳什均衡③。描述一个博弈有四个构成要素：参与者（Player），博弈论的决策主体，参与者的目标是通过交互选择使自己效用最大的策略；博弈的规则（Rule），对博弈做出具体规定的集合，包含对参与行动顺序的规定、参与者行动时所知道的信息、有什么样的行动可供选择、选择之后会得到什么样的

① Nash，J. The Bargaining Problem［J］. Econometrical，1950（18）：155-162.

② Nash，J. Non-cooperative Games［J］. Annals of Mathematics，1951，54：286-295.

③ Alchian，A. Uncertainty，Evolution and Economic Theory［J］. Journey of Political Economy，1950（58）：211-221.

结果等；结果（Outcome），对所有参与者的每一个可能的行动组合，会出现什么样的结果；收益（Payoff），在可能的每一个结果上，参与者的所得和所失。一般而言，在分析博弈的时候可以把结果和收益看作一回事，不过严格来说，收益是结果的一个函数。

博弈可以分为合作博弈和非合作博弈（Cooperative Game；Noncooperative Game）两种类型，二者的主要区别在于当人们的行为相互作用时，当事人能否达成一个具有约束力的协议（Binding Agreement），如果协议达成就是合作博弈，协议不能达成则是非合作博弈。根据参与人对其他参与人的特征、策略空间及支付函数的知识，博弈有完全信息博弈和不完全信息博弈两种类型；根据参与人行动的先后顺序，博弈有静态博弈和动态博弈两种类型。

（四）委托—代理理论

委托—代理理论最早是由密西尔·詹森和威廉·H. 麦克林提出的，是在非对称信息博弈论的基础上发展起来的，是制度经济学契约理论的主要内容之一。委托—代理关系实质上是一种契约关系[①]，在这种契约中，以一个或者多个行为主体（委托人）授权给另一些行为主体（代理人）为其服务，其中代理人具有相当的自主决策权[②]，并根据代理人提供服务的数量和质量提供相应的报酬。当然委托—代理关系只有在委托人从该项契约中所获得的边际收益大于所负担给代理人的边际成本时，才有可能出现。

委托代理理论的逻辑体系是这样展开的：委托人为了实现自身效用最大化，通过将一定的决策权授予代理人，并要求代理人替他来从事某项利益活

① Jensen，M. C.，Heckling，W. H. Theory of the Firm：Managerial Behavior，Agency Costs and Ownership Structure［J］. Journal of Financial Economics，1976（3）：308.

② Jenson M，W Heckling. Theory of the Firm：Managerial Behaviors，Agency Costs and Ownership Structure［J］. Journal of Financial Economics，1979（3）：305-360.

动，由于委托人和代理人的利益并不相同，且存在着信息不对称，代理人在为委托人提供服务活动的过程中，可能会受到诱惑，谋求自身的效用最大化，这就会引发代理人产生诸如偷懒、谋私利等问题，造成非效率损失和代理成本，而委托—代理理论就是研究如何设计一个能够最大限度增加委托人效用、减少这种非效率损失的理论。

由此可以看出，委托—代理理论实际是基于以下两个假设而建立起来的：一是委托人和代理人之间利益不一致。双方都是“经济人”，其目标均为使个人利益最大化。二是委托人和代理人存在着信息不对称。委托人对代理人的努力程度或者机会主义不能直接观察到，即便是观察到，也无法得到第三方的证实。

随着企业所有权和经营权实现两权分离，就建立起了这种委托代理关系，所有权拥有者将企业经营权授权给职业经理人，这种形式的组织体系对现代企业发展起了极大的推动作用，然而这种委托代理关系存在以下三个无法回避的缺陷：二者之间的信息不对称、二者的效用函数不一致①以及二者之间的责任不对，导致委托人很难有效地监控代理人的行为。委托—代理理论试图通过设计的方式，来实现委托人和代理人的效用双重最大化，即激励相容。为了能够实现有效监控代理人，将损失降低，委托人采取各种激励和约束的措施，加强对代理人的监管，这种方式是在“经济人”假设和信任缺失的基础上形成的，措施本身的实施也提高了交易成本②。

委托—代理理论认为，引起信息不对称的因素有两类，第一类是时间，委托人和代理人在双方签约之前，委托人对各个候选代理人的信息不能完全掌握，只能为各个人选提供平均的报酬水平，就使一些优秀的代理人由于报

① 陈敏，杜才明．委托代理理论述评［J］．中国农业银行武汉培训学院学报，2006（6）：76-78.

② Cam Caldwell，Ranjan Karri. Organizational Governance and Ethical Systems：A Covenantal Approach to Building Trust［J］. Journal of Business Ethics，2005（58）：249-259.

酬水平达不到期望而放弃，相反一些劣质代理人则更容易接受该报酬，最终委托人只能在这些相对才能较低的代理人中做出选择，这就形成了“劣品逐良品”的“柠檬市场”（Lemon’s Market）①，研究签约前非对称信息的模型被称为逆向选择模型（Adverse Selection）；委托人和代理人在双方签约之后，委托人对代理人无法做到有效地观察，不能准确地判断代理人是否按照契约的要求恪尽职守，是否存在诸如偷懒、机会主义的行为等，这样代理人就可以利用这种信息不对等的优势，来追逐自身利益的最大化，有可能会产生对委托人利益的损害，从而引发道德风险（Moral Hazards），研究签约后非对称信息的模型被称为道德风险模型。第二类是信息的内容，代理人的个人理性使代理人有可能会隐藏自己所掌握的知识或优势，从而谋求自身效用最大化，这种非对称的信息可能是参与者的行为，研究此类问题的模型，被称为隐藏行为模型（Hidden Action），也可能是指参与者隐藏的知识，研究该类问题的模型，被称为隐藏知识模型（Hidden Knowledge）。

在我国安全生产的政府监管中，实际上存在着多重委托代理关系，信息不对称会引发安全管理中的各类问题，这是本书的重要内容之一。

（五）利益相关者理论

安全作为一种公共产品，在竞争性的市场不可能达到公共物品供给的帕累托最优。如何科学合理地配置安全资源、提高安全生产水平显然不是企业自身的事，认识和掌握企业安全战略实施中的不同利益相关者，调动各利益相关者的积极性，是实现安全战略的首要任务。

20 世纪 70 年代兴起的利益相关者理论，将研究的视野从企业自身拓展

① Stiglitz，Weiss. Credit Rationing in Market with Imperfect Information［J］. American Economic Review，1981（77）：393-410.

到企业的外部，更加重视人力资本和其他专用性资本在企业安全生产中发挥的重要作用，深刻认识到企业作为一个“社会存在”的本质，更能够在一个日益多元化的社会寻得一种普遍的利益均衡，对企业安全生产的管理实践具有重要的指导意义。20 世纪 90 年代以来，公司社会责任和利益相关者两大理论出现全面结合的趋势。一方面，利益相关者理论为公司社会责任研究提供了理论依据；另一方面，公司社会责任研究又为利益相关者理论提供了实证检验的方法。

1932 年，美国上演了一部名叫“股东”（Stockholder）的戏剧，人们杜撰了与之对应的词是“利益相关者”（Stakeholder）。利益相关者理论起源于 1932 年哈佛法学院的学者 E. Merrick Dodd 对 Adolf Berle 发表的论文的驳斥，他认为，公司董事必须成为真正的受托人，不仅代表了股东的利益，而且代表了其他利益主体如员工、消费者特别是社区整体的利益。1963 年，斯坦福大学研究所（SRI）首次对利益相关者进行定义。1984 年，弗里曼（Freeman）将利用相关者观点发展为独立的理论。20 世纪 70 年代，利益相关者理念得到管理学界、法学界等领域的广泛认可，并得到了进一步发展（见图 2-8）。

1984 年，弗里曼（Freeman）在他的著作《战略管理：一个利益相关者分析方法》里，将利益相关者理论引入管理学。弗里曼把利益相关者定义为“影响企业的经营活动或受企业经营活动影响的个人或团体”。根据此定义，企业有众多利益相关者，包括企业所有者、企业债权人、企业供应商、企业消费者、企业的员工、同行业竞争对手、普通的社会大众以及政府等。并且，企业的利益相关者存在两者类型，分别是战略上的利益相关者（影响组织目标实现的利益相关者）、道义上的利益相关者（受组织活动影响的利益相关者）。

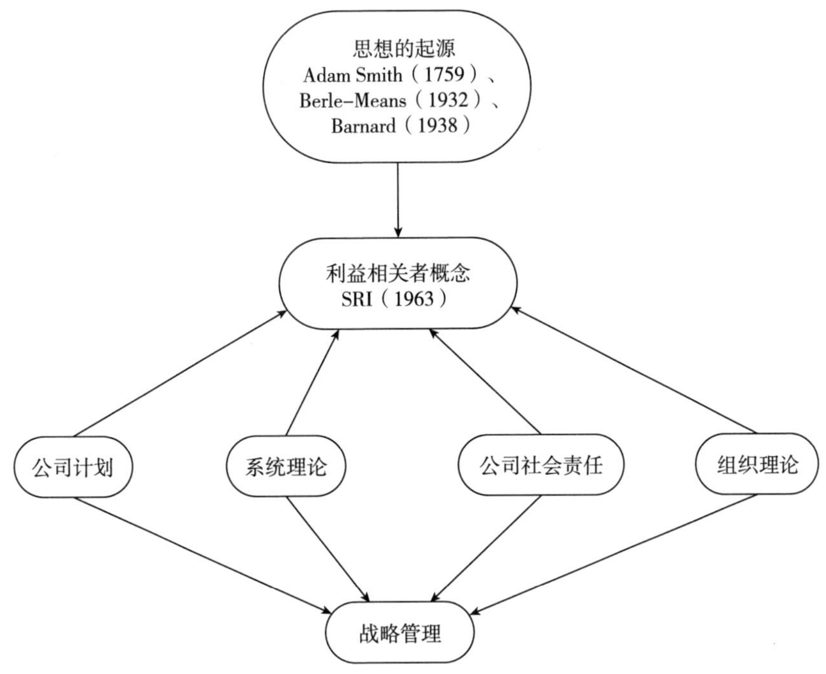

图 2–8　利益相关者的理论起源

随后，弗里曼对利益相关者的定义做了修正，认为“利益相关者是那些因企业活动受益或受损，其权利也因企业活动而受到尊重或侵犯的人”。强调利益相关者与企业间相互影响的关系，为利益相关者参与企业战略管理活动提供了条件。许多学者在弗里曼对利益相关者定义的基础上进行了进一步的探讨。我国学者陈宏辉等[①]对企业利益相关者的定义进行总结，认为利益相关者是指对企业有专用性投资并且承担风险的个体和群体，其活动可以影响该企业目标的实现，或者受该企业实现目标过程的影响。

企业的生存和发展离不开利益相关者的支持，利益相关者可以从多个角

① 陈宏辉．企业的利益相关者理论与实证研究［D］．杭州：浙江大学博士学位论文，2003：69–73.

度进行划分，不同类型的利益相关者对企业管理决策的影响以及受到企业活动影响的程度是不一样的。对于企业而言，“所有的利益相关者都可能是十分重要的，但不同类别的利益相关者不是同样重要”。

Freeman 等（2001）指出，在实际情况下利益相关者是不断变化的，利益相关者与企业的利害关系也随企业考虑战略问题的改变而改变①。Mitchell 等从影响力、合法性和紧迫性三个维度划分了利益相关者的关系。如果仅仅具有其中一个属性，则是“潜在型利益相关者”。按照利益相关者的不同属性，可以划分七种类型的利益相关者②（见图 2-9）。

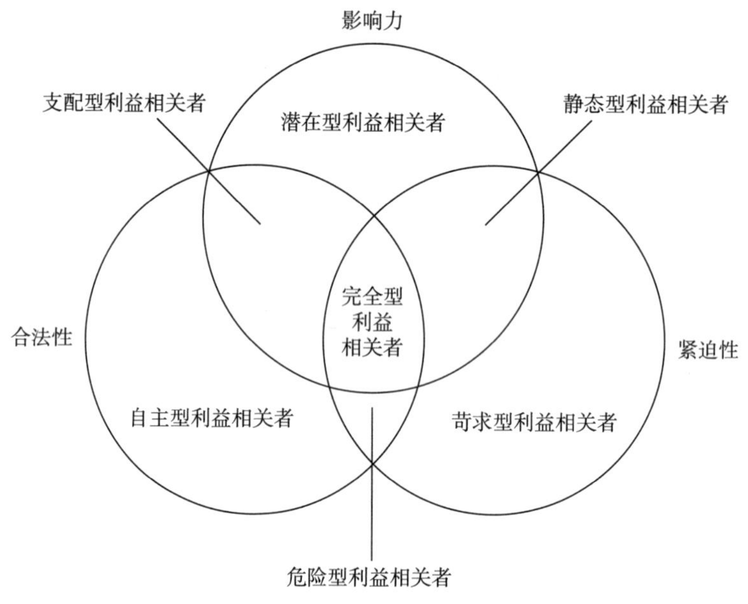

图 2-9 利益相关者类型

① Freeman, R. E., J. McVea. A Stakeholder Approach to Strategic Management [M]. Cambridge: Cambridge University Press, 2001.

② Mitchell, A, Wood. D. Toward a Theory of Stakeholder Identification and Salience: Defining the Principle of Who and What really Counts [J]. Academy of Management Review, 1997, 224: 853-886.

Carroll 等（2003）[①] 也从不同的角度对利益相关者进行了分类研究，他提出了两种分类方法。第一种是根据利益相关者与企业关系的正式性，区分为直接利益相关者和间接利益相关者。前者是由于契约和其他法律承认的利益而能直接提出的索取权的人或团体；后者是基于非正式关系的利益团体。这种分类的意义明确了当不同利益相关者发生冲突时，应该优先考虑直接利益相关者的利益。第二种是将利益相关者区分为核心利益相关者、战略利益相关者和环境利益相关者。核心利益相关者是与企业生死攸关的人或团体，战略利益相关者是企业在面对特定的威胁或机会时才显得重要的人或团体，而环境利益相关者则概括了企业存在的外部环境。卡罗的分类简明而客观，得到了较多学者的认可。

弗里曼提出利益相关者管理程序：第一步，识别安全战略的利益相关者群体；第二步，判断每个利益相关者群体的利益和重要性；第三步，判断每个利益相关者群体的期望和需求的实现状况；第四步，结合利益相关者的期望和需求制定企业战略。利益相关者的管理程序使所有的利益相关者的影响能力都可以被充分考虑。

随着利益相关者理论的成熟，利益相关者分析作为一种有效的分析工具，被广泛应用于风险管理及公共管理领域。然而，运用利益相关者理论分析安全问题则刚刚起步。安全生产中利益相关者的识别与分析有助于管理者了解利益相关者的利益诉求，采取恰当的协调策略，防患于未然。

（六）流变—突变理论

任何事物都是永恒运动的，从诞生时就在不断地运动变化，一般来说，

① Carroll, A B, Buehholtz, A K. Business & Society: Ethics and Stakeholder Management [M]. 5th ed. Ohio: South-Western, 2003: 17-19.

在开始时，事故的变化是连续不断的，此时，事物的状态、性质基本稳定，事物的本质属性没有发生变化，此阶段被称为流变。随着事物的进一步运动，达到一定阶段后，某个微小的变化就会引起系统突然的变化产生质变，此阶段被称为突变。流变—突变理论是从事物的运动中寻找综合变化的规律，将事物的属性用流变—突变的过程描述出来。

安全与危险这一矛盾贯穿事物存在和发展的始终。安全状态是相对的，危险状态是绝对的。一个事物从其诞生的那一刻起就孕育着危险，危险程度随事物在时间和空间中的发展而不断提升。事物安全与危险的矛盾运动受两方面因素的影响：一方面是事物的内在因素，如人体细胞的衰亡，社会生产力的发展，煤岩的物理化学性质等都属于内在危险因素；另一方面是事物的外部环境因素，称为外部危险因素，如环境对人、机器对人都属于外部危险因素。内、外因在一定的条件下可以相互转化。内在危险因素决定事物“安全流变—突变”的性质和程序；外部危险因素决定事物“安全流变—突变”的速度和形式。对于某一事物的“安全流变—突变”过程，外部危险因素往往是极其复杂而又千变万化的。因此，在研究事物的“安全流变—突变”过程时，必须首先从众多的因素中抽象出内在危险因素，通过研究内在危险因素的变化规律来得出事物“安全流变—突变”的基本规律，然后再考虑外部危险因素的影响和作用。

综上所述，事物的安全状态用损伤表示，事物“安全流变—突变”的全过程可以表述为：当某一新事物诞生后的初期（OA 阶段），其损伤量随时间的推移减速递增，新秩序在此期间逐渐形成和完善；当新秩序发展到成熟阶段时（AB 阶段），完善的新秩序使损伤量匀速缓慢增加；经过一段稳定增加的时期后，原秩序将再次向无序方向发展，进而使损伤量值开始加速增大（BC 阶段）；任何事物都具有其固有的损伤量承受能力或界限（D 点），超

出极限（D点）后，事物将发生安全突变（见图 2-10）。事物发生安全突变时的损伤值即为该事物的临界损伤量。当原秩序被破坏后，事物进入一个新的安全状态。物质世界就是在从安全到危险的无限循环中存在和发展[①]。

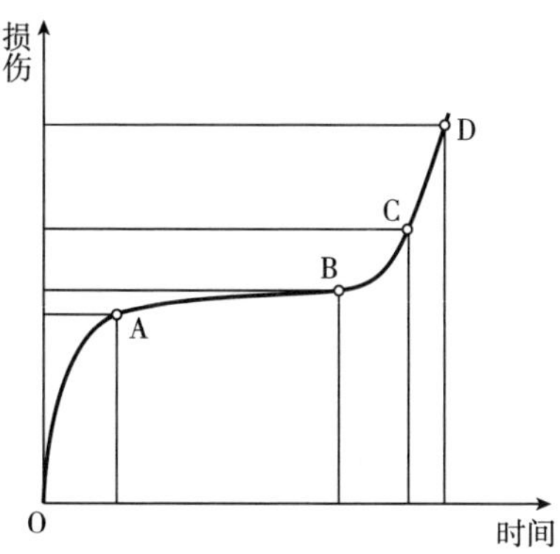

图 2-10　安全流变—突变

四、本章小结

本章通过对煤矿安全投入理论体系的探讨和分析，形成以下结论：

（1）安全投入具有二重性，一种是经济属性，反映了安全投入资金成本要遵循投资—收益的原则；另一种是社会属性，反映了安全投入是建立在社会道德和法律法规的基础之上，要以满足社会安定和人们安全生活的基本需要为目的。安全投入按照安全管理活动不同目标可以分为生产性投入和安全

① 何学秋．安全工程学［M］．徐州：中国矿业大学出版社，2003：6.

性投入；按照安全管理活动中投入的各种资源的差异可分为直接安全投入和间接安全投入；按照安全投入作用方式的不同可分为主动性安全投入与被动性安全投入。煤矿安全投入的特征主要表现为安全投入的巨资性、安全投入收益的延迟性、安全投入收益的隐蔽性、安全投入的系统性。

（2）煤矿安全投入机制是指影响安全投入系统的煤矿宏微观因素，既包括微观方面中确保安全投入的人、资金、技术、制度、组织体系、安全文化等因素，也包括影响煤矿安全投入的社会、经济、政治、法律和科技等宏观因素，通过相互作用、相互影响、相互协调而构建的有机体系，具有系统性、约束性、长效性和稳定性的特征。

（3）安全投入指标体系包括四个方面：基础设施的安全投入、人员系统的安全投入、安全技术的投入、安全管理的投入。

本章对本书中所涉及的概念及特征、指标体系和理论模型进行了概括总结，为后续的研究奠定了理论基础。

第三章　我国民用航空安全投入机制分析

安全管理模式对于民航运输安全监督、管理来说非常重要。经过近60年的发展，我国民航由最初的“政企合一”的管理模式逐步发展到现在的“政企分开”的管理模式。在“政企合一”的管理模式阶段，航空运输企业直接从属于民航局，其人事、财务、行政等管理直属民航局，当然这个阶段民航运输的安全也由民航局监管，这种安全管理模式对于保障航空运输安全存在制度上的缺陷。在“政企分开”的管理模式阶段，航空运输企业和民航局相互“脱钩”，运输企业不再从属于民航局，民航局作为政府机构，独立地对民航运输企业实施监管，不再按体制改革前那样，自己监管自己，这在制度上有了较大的改进；但是，这一安全监管模式仍在很多方面还不够健全，需要不断完善。

一、我国民用航空安全现状

“十三五”期间，民航持续安全飞行5270万小时，安全运送旅客27.3亿人次，运输航空百万小时重大事故率和亿客公里死亡人数均为0，未发生重大航空地面事故，确保了空防安全，创造了中华人民共和国民航成立以来最长的安全飞行周期，安全水平国际领先。

2002年3月，中国政府决定对中国民航业进行重组。主要内容如下①：

（1）航空公司与服务保障企业的联合重组。民航局直属航空公司及服务保障企业合并后于2002年10月11日正式挂牌成立，组成为六大集团公司，分别是中国航空集团公司、东方航空集团公司、南方航空集团公司、中国民航信息集团公司、中国航空油料集团公司、中国航空器材进出口集团公司。成立后的集团公司与民航局脱钩，交由中央管理。

（2）民航政府监管机构改革。民航局下属7个地区管理局（华北地区管理局、东北地区管理局、华东地区管理局、中南地区管理局、西南地区管理局、西北地区管理局、新疆管理局）和26个省级安全监督管理办公室（后简称“监管办”，包括天津、河北、山西、内蒙古、大连、吉林、黑龙江、江苏、浙江、安徽、福建、江西、山东、青岛、河南、湖北、湖南、海南、广西、深圳、重庆、贵州、云南、甘肃、青海、宁夏），对民航事务实施监管。

（3）机场实行属地管理按照政企分开、属地管理的原则，对90个机场

① 国务院办公厅．国务院办公厅关于印发中国民用航空地区行政机构职能配置机构设置和人员编制规定的通知［S］．中国民航局网站，http：//www.caac.gov.cn，2002.

进行了属地化管理改革，民航局直接管理的机场下放所在省（自治区、直辖市）管理，相关资产、负债和人员一并划转；民航局与地方政府联合管理的民用机场和军民合用机场，属民航局管理的资产、负债及相关人员一并划转所在省（自治区、直辖市）管理。首都机场、西藏自治区内的民用机场继续由民航局管理。2004 年 7 月 8 日，随着甘肃机场移交地方，机场属地化管理改革全面完成，也标志着民航体制改革全面完成。

2004 年 10 月 2 日，在国际民航组织第 35 届大会上，中国以高票首次当选该组织一类理事国。

2004 年[①]，民航行业完成运输总周转量 230 亿吨公里、旅客运输量 1.2 亿人、货邮运输量 273 万吨、通用航空作业 7.7 万小时。截至 2004 年底，我国定期航班航线达到 1200 条，其中国内航线（包括中国香港、中国澳门航线）975 条，国际航线 225 条，境内民航定期航班通航机场 133 个（不含中国香港、中国澳门），形成了以北京、上海、广州机场为中心，以省会、旅游城市机场为枢纽，其他城市机场为支干，联结国内 127 个城市，联结 38 个国家 80 个城市的航空运输网络。民航机队规模不断扩大，截至 2004 年底，中国民航拥有运输飞机 754 架，其中大中型飞机 680 架，均为世界上最先进的飞机。2004 年中国民航运输总周转量达到 230 亿吨公里（不包括港澳台地区），在国际民航组织 188 个缔约国中列第 3 位。

2008 年 3 月 11 日 15 时，第十一届全国人民代表大会第一次会议在人民大会堂举行第四次全体会议，听取国务委员兼国务院秘书长华建敏关于国务院机构改革方案的说明，华建敏指出改革开放以来，我国交通运输发展取得了重大成就，今后几年仍处于大建设、大发展时期。为优化交通运输布局，发挥整体优势和组合效率，加快形成便捷、通畅、高效、安全的综合运输体

① 中国民航局．民航发展史［EB/OL］．中国民航局网站，http：//www.caac.gov.cn，2004.

系，组建交通运输部。将交通部、中国民用航空总局的职责，建设部的指导城市客运职责，整合划入该部。同时，组建国家民用航空局，由交通运输部管理。不再保留交通部、中国民用航空总局①。

据统计②，2006年中国民航全行业完成运输总周转量、旅客运输量和货邮运输量分别达301亿吨公里、1.6亿人次和341万吨，比上年分别增长15.2%、15%和11.2%；飞行337万小时、198万架次，比上年分别增长15.6%和16%。

2013年③，民航安全形势平稳。全行业未发生运输航空事故、空防安全事故，发生通用航空事故10起。2013年，全年共发生事故征候302起，其中严重事故征候6起，比上年降低45.5%，严重事故征候万时率为0.009，比上年降低51.2%，人为责任原因事故征候26起，同比降低24%，通用航空事故征候16起，同比增加23.1%。32家运输航空公司未发生人为责任事故征候。截至2013年12月31日，运输航空连续安全飞行2048万小时。

从此，我国民航进入了规范发展高速时期，截至2015年④，我国境内民用航空（颁证）机场共有210个（不含香港、澳门和台湾地区，下同），其中定期航班通航机场206个，定期航班通航城市204个。

2015年内定期航班新通航的城市有广东惠州、青海海西、新疆富蕴、云南宁蒗、山东日照、山西忻州。新疆石河子花园机场、辽宁营口兰旗机场颁证但年内没有定期航班。陕西安康机场、新疆且末机场停航。

2015年我国机场主要生产指标保持平稳增长，其中旅客吞吐量91477.3

---

① 韩冀倩．组建交通运输部加快形成综合运输体系［N］．现代物流报，2008-03-12（A01）．

② 中国民航局规划发展财务司．中国民航年主要运输生产指标统计［EB/OL］．中国民航局网站，http：//www.caac.gov.cn，2007.

③ 中国民用航空局．2013年民航行业发展统计公报［S］．2014.

④ 中国民航局规划发展财务司．中国民航年主要运输生产指标统计［EB/OL］．中国民航局网站，http：//www.caac.gov.cn，2015.

万人次，比上年增长 10.0%。其中，国内航线完成 82895.5 万人次，比上年增长 9.0%（其中，内地至香港、澳门和台湾地区航线为 2803.6 万人次，比上年增长 2.4%）；国际航线完成 8581.8 万人次，比上年增长 21.1%。

完成货邮吞吐量 1409.4 万吨，比上年增长 3.9%。其中，国内航线完成 918.0 万吨，比上年增长 3.7%（其中，内地至香港、澳门和台湾地区航线为 89.8 万吨，比上年下降 0.7%）；国际航线完成 491.4 万吨，比上年增长 4.4%。

飞机起降 856.6 万架次，比上年增长 8.0%。其中：运输架次为 729.4 万架次，比上年增长 6.9%；起降架次中，国内航线 787.3 万架次、比上年增长 7.1%（其中，内地至香港、澳门和台湾地区航线为 20.9 万架次，比上年增长 1.6%），国际航线 69.3 万架次、比上年增长 18.9%。

2020 年，我国民航运输总周转量为 799 亿吨公里，旅客运输量 4.2 亿人，货邮运输量 677 万吨，通用航空飞行量 98.4 万小时，旅客周转量在综合交通中所占的比重已达 33%。

“十四五”时期，民航强国建设进入新阶段，新时代中国特色社会主义现代化建设对民航安全的要求更高，民航面临的外部形势不确定性更强，安全运行需求和保障能力之间的矛盾仍然存在，传统风险与大面积空域调整、新业态、新模式带来的新型风险并存。民航业是一个高系统性的行业，民航运输的健康发展需要在坚持国家利益、公民权益、行业发展和企业利益四原则的前提下建好三个系统：政府的规章标准和监察系统，企业的符合性运行系统、自我监督系统和社会的舆论监督系统。其中首要的是建立完善的政府监管系统，使航空运输企业（主要是航空公司）能自觉地按照运行管理的规范进行安全管理。

安全是民航业发展的基础，离开了安全，民航的任何生产、效益就都失去了发展和前进的保证。

二、我国民用航空安全投入

民用航空安全投入包含民用航空安全投资管理制度和投资活动运行机制两个层面的问题，是经济体制的重要组成部分，涵盖投资主体行为、资金筹措方式和途径、投资决策、建设实施管理、组织体系设置和宏观调控等多项内容。

安全投入机制是随着改革的不断深化才出现的名词，在改革开放之前，我国安全投入机制只是指投资，不包括融资的内容，一般被称为“基本建设计划管理体制”。改革开放之初，随着市场经济的发展，安全投入机制被称为“基本建设管理体制”或“固定资产投资管理体制”，随着经济体制的完善，安全投入机制的名称渐多，内涵也逐渐增多，慢慢发展成为前文的概念。

我国民用航空安全投入开始以国家财政的支持为主，逐步发展为国家财政支持与企业自筹并存，直到现阶段的企业自筹为主、政府支持为辅，多元化筹措资金的形式。

我国政府一直对民用航空安全十分重视，始终将安全放在第一重要的位置，投入了大量资金。为了鼓励民用航空企事业单位的安全投入，我国政府设立了多项支持性资金、基金、补贴的项目，引导民用航空的安全投入。以1998~2001 年为例，国家用于民用航空的国债共计 47.3 亿元，地方国债12.8 亿元。

（一）安全投入内容

安全投入主要涉及固定资产投资，民用航空基本建设和技术改造的投资等内容。

以 2011 年为例，从国家统计局的统计数据来看，我国民用航空固定资产投资完成额度为 832.35 亿元。由于 2010 年经济复苏，以及国家“四万亿计划”的拉动，机场建设和其他民航企业基础设施建设速度加快，民用航空投资激增，因此，2011 年数据较 2010 年数据有所回落（见图 3-1）。

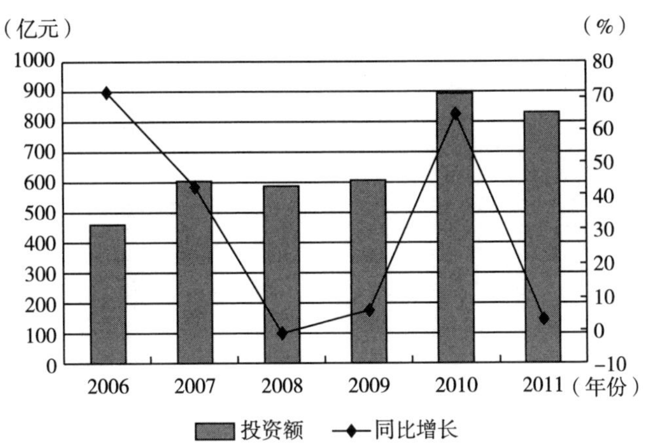

图 3-1　2006~2011 年我国民用航空固定资产投资规模

民航基本建设和技术改造投资主要用于我国机场建设投资、空管建设投资以及其他系统投资。机场建设投资主要用于机场的改扩建工程、民航基本建设等领域。空管建设投资只用于控管系统的项目建设，如区域管制中心的续建及新建。其他系统投资，包括运输服务系统投资、民航油料系统的投资、民航机务维修洗头的投资、民航信息系统建设投资、民航安全保卫系统投资以及民航科研、教育系统的投资等内容。

（二）安全投入结构

由于我国政策的限制，我国民用航空领域的投资以国内投资为主，境外投资和港澳台投资的比较很少。随着我国对民用航空安全的重视，安全投入中来自境外的资金逐渐下降，且主要集中于航空货物运输领域。通过引进外资和国际战略合作伙伴，可以扩大民航企业的资本规模，进一步规范我国民用航空企业的治理结构，引导各种资本参与民用航空企业的资产重组，降低企业资产负债率，抵御风险。

此外，我国民用航空的投资可以分为中央投资和地方投资。在我国民用航空领域，初期大量的投资都是由中央政府完成。随着我国民用航空机场采取属地化管理制度，以及国家大力发展支线航空的政策，地方参与投资的比例不断提高。以 2009 年为例，我国民用航空投资总额中，地方投资的占比为 82.34%。

从投资领域来看，民用航空投资总额的 70%是用于航空客运货运的投资，机场建设投资占 20%左右，其余为通用航空投资和空中交通管理的投资。近年来，随着我国大力发展通用航空的政策，通用航空的比例正在逐年提高。

（三）安全投入来源

我国民用航空安全投入资金来源以自筹资金为主，国内外贷款为补充。航空客货运是我国民用航空的主题，融资方式相对灵活，选择空间较大，包括国家预算（中央及地方财政拨款）、国内贷款、境外投资以及企业自筹等方式，其中，国家预算资金、国内贷款和企业自筹资金为主要资金来源，以

2010年为例[①]，用于民航客运货运运输投资的资金中，58.26%为国内贷款，33.84%为自筹资金，国家预算资金为4.34%。机场是民用航空的基础设施，实行机场属地化管理之后，用于机场建设的资金从以中央财政投入为主演变为地方财政投入为主，同时，以国债、银行贷款、境外资金作为补充。以2010年为例[②]，我国用于机场建设的投入65.01%来自企业自筹，22.55%来自国家预算，5.7%来自贷款。

综合以上分析可以得出，目前，我国民用航空领域的安全投入以基本建设和技术改造为主，地方投入逐年增加，但还是以企业自筹资金为主。但这并不是说，中央和地方财政的投入可以忽视，中央和地方投资是重要的引导，可以引导安全投入，使安全投入的效益得到提高。

2002年，根据加强航空安全的部署，国家从中央政府性基金中拨出8亿元用于支持民用航空单位从事安全保障体系的建设，2亿元用于机场安全设施建设。2004年，民航总局拨出3.7亿元作为安全管理专项基金，旨在提高民用航空安全管理水平，促进行业安全工作的发展。我国政府设立的民用航空安全投入资金有民航发展基金、民航专项基金、民航建设资金及各类补贴项目。

1. 民航发展基金

2012年3月17日，财政部发布《民航发展基金征收使用管理暂行办法》（以下简称《办法》）（财综〔2012〕17号），对旅客和航空公司征收民航发展基金，同时废止了原来对旅客征收的机场建设费和对航空公司征收的民航基础设施建设基金。民航发展基金属于政府性基金，是我国非税财政收入的重要组成部分，属于中央财政性资金，收入上交国库，纳入政府性基金预

①② 中国民航局．中国民航局内部资料［S］．2014.

算，专款专用。《办法》中对旅客征收的标准为乘坐国内航班的旅客每人每次 50 元；乘坐国际和地区航班出境的旅客每人次 90 元，而对航空公司的征收标准与原来的民航基础设施建设基金保持一致，按照飞行航线、飞机最大起飞全重、飞行里程等相关征收标准缴纳民航发展基金。为鼓励和支持支线航空运输发展，飞机最大起飞全重在 50 吨以下的机型在省内飞行或跨省飞行且里程在 600 公里以内的按照相应航线类型的征收标准减半计征民航发展基金，专机、航空公司调机、训练飞行、中止的商业运输以及公务飞行外其他的通用航空业务免缴纳民航发展基金，国内联程、经停航班以两点间航段作为航线归类和结算依据，民航局清算中心具体负责民航发展基金的征收工作。民航发展基金使用范围包括民航基础设施建设；对货运航空、支线航空、国际航空、中小型民用运输机场的补贴；民航节能减排，通用航空的发展，民航科教、信息等重大科技项目研发和新技术的应用；加强持续安全能力和适航审定能力的建设；等等。《办法》将补贴范围从民用航空基础设施扩大至用于促进行业发展方式转变和调整产业经济结构，用途不再局限于机场和基础设施的建设，已经扩大到货运航空、民用机场、通用航空以及科教、空管等建设中，并首次将通用航空纳入补贴范围，这是一大进步，更符合民航运输当前和未来发展要求，表明了我国大力发展通用航空业的决心。而用“发展”取代“建设”，从一定程度上也表明了我国促进民航结构调整、改善民航业服务质量的目标。在民航发展基金的分配使用上，还需要充分发挥行业和地方政府的积极性，基于“谁投入、谁受益”的原则。民航基金作为行业管理部门发挥宏观调控的手段，在促进业内区域持续协调发展发挥了积极的作用，随着国家产业结构调整的深化和民航企业投资多元化的发展，行业相关政府部门应该在防止国有资产流失的原则下，进一步明确基金的会计核算原则，从而真正做到民航基金的“取之于民，用之于民”，充分尊重地方政府在机场等民航设施基础建设上的主体作用。现有的民航发展建设基金来源由两部分构成：一是向旅客征收，国内、国际地区标准不同。根据2012年财政部发布的文件："向旅客征收民航发展基金的规定执行至2015年12月31日。"按此规定，到2015年底，旅客将不再缴纳民航发展基金。二是向航空公司征收，按航线、机型不同，制定差异化的征收标准。根据现有的民航发展基金收入构成，70%的收入来源于旅客缴纳，如果在2015年之后，不再征收旅客部分，民航发展基金将失掉70%的收入来源。"十二五"时期民航全行业投资规模将超过1.5万亿元，而民航发展基金将成为重要的资金来源，发挥着巨大的作用。

2. 民航安全专项资金

为加强民航局安全专项资金管理，保证各级行政机构履行安全管理职责，提高民航安全管理水平，促进民航安全工作，民航局于2005年12月9日下发了《关于印发民航总局安全专项资金管理办法的通知》，建立了民航安全专项资金，主要用于民航局及地区管理局（含监管局）与安全职能相关的经费补充，具体开支包括：事故调查，包括飞行事故和航空地面事故、飞行事故征候及不安全事件的调查；安全审计与安全评估，包括国际民航组织对中国民航的各项安全审计，民航局、地区管理局对航空公司、机场、空中交通管制的安全评估；安全隐患整治，包括治理安全隐患所发生的费用；处置突发安全事件，包括购置应急设备和处置突发事件工作中发生的费用；安全政策研究，包括系统安全政策的研究与分析；安全奖励，用于兑现安全责任，对保证安全有突出贡献的单位和个人奖励。为了规范民航业安全奖励与专项资金管理，建立航空安全奖励长效机制，推动民航安全文化建设，民航局制定了《中国民用航空行业安全奖励与专项资金管理办法》（民航发〔2012〕86号），用于在飞行安全、空防安全、地面安全、突发事件处置、重要紧急专项运输任务，以及其他推动行业安全管理方面直接做出突出贡献的相关集体和个人，含奖励及慰问金。

3. 民航安全能力建设资金

民航安全能力建设资金：为规范和加强安全建设资金管理，提升民航安全管理水平，促进行业安全发展，根据《民航发展基金征收使用管理暂行办法》，民航局制定了《民航安全能力建设资金管理暂行办法》（民航发〔2013〕20号），安全资金支持范围包括民航安全运行保障能力建设，民航安全新技术应用和示范推广、民航应急救援体系建设、民航安全监管能力建设、民航安全管理体系建设等。民航地区管理局负责组织辖区民航单位安全资金申报，民航局直属机关、航空公司和航空运输保障企业申请使用安全资金的每年6月底前将申请直接报民航局财务部门。

4. 民航基础设施建设资金

为了加强民航基础设施建设，提高民航政府性基金使用效益，引导鼓励社会各方面参与民航建设，进一步完善民航基本建设贷款贴息政策，更加有效地发挥财政资金使用效益，民航局下发了《民航基础设施建设贷款贴息管理暂行办法》（民航发〔2009〕76号）。贴息资金优先用于符合民航总体发展规划的基础设施建设项目，重点扶持民航运输机场建设、改扩建基础设施建设项目及配套保障设施建设、民航安全建设项目、民航科教建设项目。为了加强和规范民航基础设施建设项目前期工作经费管理，发挥资金使用效益，提高项目前期工作质量，民航局、财政部联合制定了《民航基础设施建设项目前期工作费管理暂行办法》（民航发〔2012〕82号），这费用是从民航发展基金中安排的用于开展民航基础设施建设项目前期工作的专项经费，申请使用前期费用的项目必须符合民航发展基金规定，具体包括安全项目、机场项目、空管项目、科技进步、高新技术等国家和民航局重点扶持的产业

发展项目，民航直属院校、科研机构基础建设项目，飞行教研、应急救援、适航审定等基础设施建设项目。前期费用的使用范围包括勘察、选址、设计、研究试验、可行性研究、前期工作的标底编制及招标代理、初步设计及概算审查、咨询评审费以及技术图书资料费、确保项目前期工作顺利开展所必需的与土地使用相关的费用等。民用航空运输机场是重要的公益性交通基础设施，服务于国民经济和社会发展，为了充分发挥民航专项基金的宏观调控作用，支持和服务地方经济和社会发展，民航局遵照《国务院关于投资体制改革的决定》精神专门制定了《民航专项基金投资补助机场建设项目实施办法》，体现了“向安全建设倾斜、向不发达地区倾斜、向中小机场倾斜”的政策导向，投资补助资金的来源为民航机场建设管理费，分为新建机场资金和机场发展资金两部分进行管理，新建机场资金用于新机场项目，机场发展资金用于现有机场改扩建项目，单体类别分为空管项目、安全保安项目，飞行区扩建、整体改扩建迁建、航站区扩建和其他体现国家行为的建设项目以及由于自然灾害等不可抗力造成的机场固定资产损失的项目。民航局根据五年机场建设规划中新机场项目和改扩建项目的情况确定新建机场资金和机场发展资金的比例，新建机场资金额度纳入民航机场布局规划的新机场项目的情况，结合地区类别、机场类别测算确定，机场发展资金额度根据各地现有各机场的旅客吞吐量，结合地区类别、机场类别，按逐级向不发达地区和中小机场倾斜的原则，采用累进制的计算方法测算确定。为了加强机场建设费用于地方管理机场建设项目，民航局、财政部制定了《机场管理建设费用于地方机场建设项目资金管理暂行办法》（民航发〔2008〕19 号），用于地方管理。机场的基础设施建设项目资金是中央财政从机场建设费中安排的，用于地方管理机场的基础设施建设项目投资补助资金，用于新建机场项目和现有机场改扩建项目，具体包括机场飞行区、航站区、机场围界、安全和消防设施及设备、空管系统等基础设施建设项目。

5. 民航中小机场政策补贴

目前国内主要的大型枢纽机场已经几乎超负荷运转，而大量的中低客流量航线的航班密度不足，大量中小机场利用率也严重不足，很多处于亏损状态。有数据称，现在全国200个机场，约有50个是盈利的，其他都亏损。为进一步完善民航中小机场补贴政策，提高资金使用效益，促进民航机场持续协调发展，民航局根据《民航发展基金征收使用管理暂行办法》及有关规定制定了《民航中小机场补贴管理暂行办法》（以下简称《办法》）（民航发〔2012〕119号）。民航中小机场补贴是指中央财政从民航发展基金中安排的，对中小型民用机场作为社会公益性基础设施提供普遍服务给予的补贴资金，《办法》将国内机场按照地区和吞吐量标准划分为三大区域四档标准，并以机场所在分类标准的固定补贴以及机场类别变动和吞吐量变化为参照的变动补贴构成。中小机场补贴范围为年旅客吞吐量在200万人次（含）以下的民用机场，由固定补贴和变动补贴两部分构成。固定补贴根据机场所在类别的固定补贴标准确定；变动补贴根据机场所在类别的变动补贴标准和年旅客吞吐量计算确定，补贴向欠发达地区倾斜、向小机场倾斜、向安全管理倾斜，据此原则确定各类机场固定补贴和变动补贴标准。执行特殊补贴标准的机场由民航局根据相关规定和实际情况确定。

综上所述，各类民用航空政策基金都按安全第一的原则，向安全设施倾斜、向安全技术倾斜、向安全管理倾斜，奖励安全生产和安全技术创新。所以，民用航空政策性基金虽然不是安全投入的主要来源，但是可以引导安全投入的方向，促进安全投入的良性发展。

三、我国民用航空安全投入机制

民用航空是一个庞大复杂的系统，其中有事业性的政府机构，有企业性质的航空公司，还有半企业性质的航空港，各个部分协调运行才能保证民用航空事业安全健康地发展。

（一）民用航空安全管理体系

我国民用航空由三部分构成，分别是政府部门、民用航空企业、民用航空机场。

1. 政府部门

民用航空业对安全的要求高，涉及国家主权和交往的事务多，要求迅速协调和统一调度，因而几乎各个国家都设立独立的政府机构来管理民航事务。2008 年 3 月 23 日，根据十一届全国人大一次会议审议通过的《国务院机构改革方案》，组建交通运输部，原中国民用航空总局的职责整合到交通运输部，新组建的中国民用航空局负责管理民航事务，由交通运输部负责管理。

2. 民用航空企业

民用航空企业指从事和民航业有关的各类企业，其中最主要的是航空运输公司，即通常说的航空公司，它们掌握航空器从事生产运输，是民航业生产收入的主要来源。其他类型涉及油料、航材、销售等的航空相关企业，都是围绕着航空公司开展活动的。航空公司的业务主要分为两个部分：一部分是航空器的使用（飞行）维修和管理，另一部分是公司的经营和销售。

3. 民用航空机场

机场是民用航空和整个社会的结合点，机场也是一个地区的公众服务设施。因此，机场既带有盈利的企业性质同时也带有为地区公众服务的事业性质，因而世界上大多数机场是地方政府管辖下的半企业性质的机构，主要为航空运输服务的机场称为航空港或简称空港，使用空港的一般是较大的运输飞机，空港要有为旅客服务的地区（候机楼）和相应设施。

保障民用航空运输安全是民航各行业的首要目标。民航局及其7个地区管理局负责各辖区内民用航空活动的安全监管；民用航空企业和民用航空机场负责自身的民用航空活动的安全组织、管理，并接受民航政府部门的监管。

2002年开始，我国民航体制改革逐步完成了最重要的阶段。民航局等政府机构和各航空公司“脱钩”，航空公司不再隶属于民航局，民航局作为政府机构对航空公司等企业实施政府监督、管理，形成了包括民航局、地区管理局和地方安全监管办公室三级监管的政府安全监督系统①（见图3-2）。三级监管机构是民航局作为政府对航空公司等民航企业实施全方位的安全监督和管理的部门。

（二）民航局的监察

民航局负责研究并提出民航事业发展的方针、政策和战略；拟定民航法律、法规草案，经批准后监督执行；推进和指导民航行业体制改革和企业改革工作；编制民航行业中长期发展规划；对行业实施宏观管理；负责全行业综合统计和信息化工作；制定保障民用航空安全的方针政策和规章制度，监

① 中国民用航空总局. CAAC行政执法手册（CCAR116）［S］. 中国民用航空总局，2003.

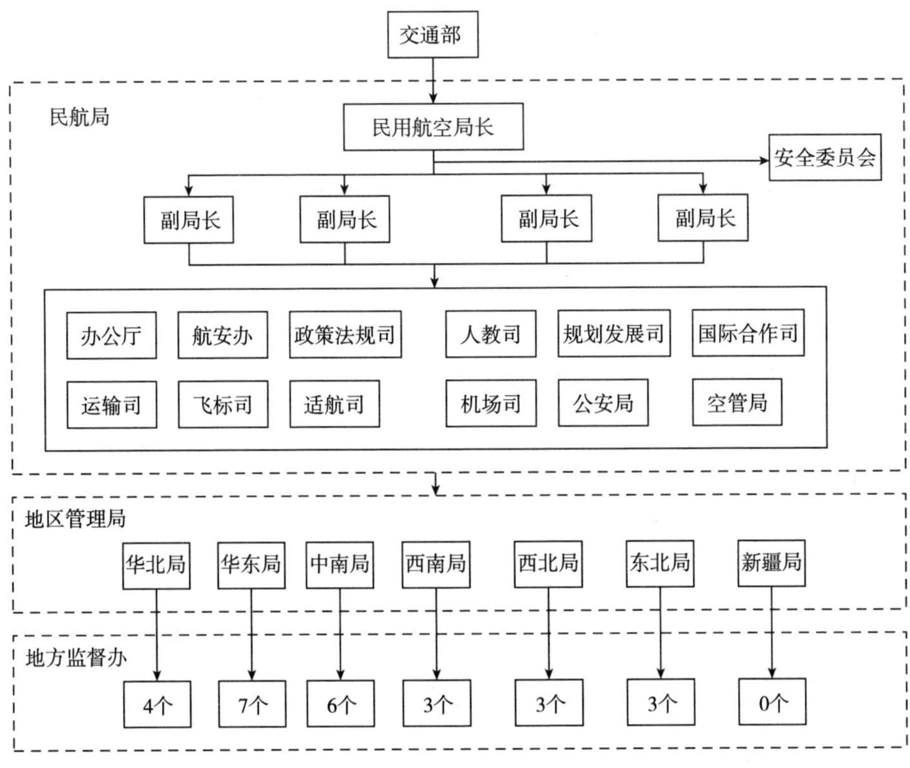

图 3-2　民用航空监管体系

督管理民航行业的飞行安全和地面安全；制定航空器飞行事故和事故征候标准，按规定调查处理航空器飞行事故；制定民用航空飞行标准及管理规章制度，对民用航空器运营人实施运行合格审定和持续监督检查，负责民用航空飞行人员飞行签派人员的资格管理；制定民用航空器适航管理标准和规章制度，负责民用航空器型号合格审定、生产许可审定、适航审查、国籍登记、维修许可审定和维修人员资格管理并持续监督检查；审批机场飞行程序和运行最低标准；管理民用航空卫生工作；制定民用航空空中交通管理标准和规章制度，编制民用航空空域规划，负责民航航路的建设和管理，对民用航空器实施空中交通管理，负责空中交通管制人员的资格管理；管理民航导航通信、航行情报和航空气象工作；制定民用机场建设和安全运行标准及规章制度，监督管理机场建设和安全运行；审批机场总体规划，对民用机场实行使用许可管理；实施对民用机场飞行区适用性、环境保护和土地使用的行业管理；制定民航安全保卫管理标准和规章，管理民航空防安全；监督检查防范和处置劫机、炸机预案，指导和处理非法干扰民航安全的重大事件；管理和指导机场安检、治安及消防救援工作；制定航空运输、通用航空政策和规章制度，管理航空运输和通用航空市场；对民航企业实行经营许可管理；组织协调重要运输任务；研究并提出民航行业价格政策及经济调节办法，监测民航待业经济效益，管理有关预算资金；审核、报批企业购买和租赁民用飞机的申请；研究并提出民航行业劳动工资政策，管理和指导直属单位劳动工资工作；领导民航地区、自治区、直辖市管理局和管理民航直属院校等事业单位；按规定范围管理干部；组织和指导培训教育工作；代表国家处理涉外民航事务，负责对外航空谈判、签约并监督实施，维护国家航空权益；参加国际民航组织活动及涉民航事务的政府间国际组织和多边活动；处理涉港澳台地区民航事务；负责民航党群工作和思想政治工作以及承办国务院交办的其他事项。

（三）民航地区管理局的监管

民航地区管理局贯彻执行国家有关法律、法规以及局方的规章、制度和标准；负责辖区内民航行政执法和行政诉讼涉及的有关法律事务；承办辖区内监察员考核、报批，监督其行政执法行为；对辖区内的民用航空活动进行安全监督和检查；发布安全通报和指令；组织辖区内民航企事业单位安全评估；组织调查处理辖区内的一般民用航空飞行事故、重大通用航空飞行事故、航空地面事故和民航局授权组织调查的其他事故；参与辖区内重大、特大运输航空飞行事故的调查处理；负责对辖区内民用航空器运营人进行运行合格审定工作，实施持续监督检查；审查辖区内民航企事业单位的运行手册及相关文件并监督检查执行情况；办理辖区内飞行训练机构及设备的合格审定事宜；监督管理辖区内民用航空卫生工作，办理对航空人员身体条件的审核事宜；负责辖区内民用航空飞行、飞行签派、航空器维修等专业人员的资格管理及有关委任代表的管理工作；审查批准或报批辖区内民用航空器维修单位维修许可证并实施监督管理；按授权承办对承修中国注册航空器机体及其部件的国外维修单位的审查事宜；按授权负责对辖区内民用航空器及其部件的适航审定，对辖区内民用航空器及其部件的设计、制造实施监督检查，发布民用航空器适航指令；按授权审查批准或报批辖区内民用航空器适航证、特许飞行证并实施监督管理；审查批准或报批辖区内民用机场的总体规划、使用许可证和军民合用机场对民用航空器开放使用的申请，以及飞行程序、运行最低标准、低能见度运行程序等各类程序；对辖区内民用机场的安全运行、环境保护、应急救援工作进行监督检查；研究拟定辖区内民用航空发展规划；审核报批辖区内新建民用机场的场址预选报告；负责辖区内民用机场专业工程建设项目的质量监督管理；对辖区内航油企业的安全运行和市场准入规则执行情况进行监督检查；管理辖区内民用航空行业标准计量工作；负责辖区内行业统计和信息化工作；指导和监督辖区内民用航空空防安全工作和民用机场的安检、消防、治安工作；审查辖区内民用机场、航空航空公司的安全保卫方案和预防、处置劫机炸机或其他突发事件的预案；组织协调相关刑事、治安案件的侦破；督查辖区内专机警卫任务的安全措施落实情况；对辖区内民用机场安全保卫设施实施监督管理；领导民航地区空中交通管理局，对所辖空域内民用航空空中交通管理系统的安全运行等工作实施监督管理；组织协调辖区内专机保障工作；负责辖区内民航无线电管理工作，组织协调辖区内民用航空器的搜寻救援工作；维护辖区内民用航空市场秩序，参与监督民航企事业单位执行价格标准情况和收费行为；审核辖区内民航企业和民用机场经营许可申请；审批航空航空公司在辖区内的航线及加班包机申请；参与协调处理辖区内涉外（含港澳台地区）民用航空事务，监督国家间协定在辖区内的执行情况；组织协调辖区内国防动员和重大、特殊、紧急运输（通用）航空抢险救灾工作；监督管理辖区内国家专项资金安排的建设项目的资金使用情况和基本建设技术改造项目的财务管理工作；负责辖区内民航行政事业单位财务预决算管理和其他财务报表的审核汇编；按规定权限管理干部，负责所属单位的计划、财务、人事和劳动工资等工作；领导派出的民航监管办；负责与辖区内地方人民政府、军事部门的沟通联系以及承办局方交办的其他事项。

（四）民航安全监管办公室的职责

民航安全监管办公室承担对辖区内民航企事业单位执行国家有关法律、法规和局方有关规章、制度和标准的监督检查工作；监督检查辖区内民用航空空中、地面安全工作；按规定承办民用航空飞行事故、航空地面事故和事故征候的调查处理工作；按授权承办辖区内民用航空营运人运行合格审定、飞行训练机构和维修单位合格审定、民用航空器适航审定、民用航空飞行等专业人员资格管理、民用航空器持续适航管理的有关事宜并实施监督管理；按授权对辖区内民用航空器及其部件的设计、制造实施监督检查；负责对辖区内民用机场安全运行实施监督管理；负责对辖区内民用航空市场实施监督管理；组织协调辖区内专机保障工作；承担辖区内国防动员和重大、特殊、紧急运输（通用）航空抢险救灾的协调工作；承办局方、民航地区管理局交办的其他事项。

此外，航空公司中也建立安全监察机构，如在航空公司建立安全监察机构，并设有主任监察员、维修监察员、运行监察员。监察员主要负责对行政相对人贯彻执行民航法律、法规、规章的情况进行检查监督；按职责分工主持或参与事故、纠纷的现场调查；对违法行为进行检查处理，并按职责分工办理行政处罚事项；参与行政复议和行政诉讼活动；办理行政许可事项以及承办法律规定或上级交办的其他工作。航空公司等民航企业的内部设置的各种安全监察机构，对自身进行安全监督和管理，而这种自我的监察也非常重要，只有使公司、企业、个人都发挥各自的主观能动作用，才能真正保障航空运输安全。

四、我国民用航空安全投入机制存在的问题

由于历史的原因，我国安全投入严重不足，根据 2004 年国家安全生产监督管理总局主持鉴定的《安全生产与经济发展关系研究》课题中的调查数据①，20 世纪 90 年代我国安全投入水平为 68198 美元/万人，是同时期英国水平的 1/5，是美国和日本水平的 1/3；20 世纪 90 年代，我国企业年均安全总投入占全国 GDP 的 0. 1703%，发达国家的水平一般在 3%以上。此种现象在我国民用航空领域也是存在的。综合分析原因，可以发现我国民用航空领域存在如下问题。

① 罗云，等. 安全经济学［M］. 北京：化学工业出版社，2004：15-17，213-259.

（一）安全投入制度的问题

我国 2012 年出台了《企业安全生产费用提取和使用管理办法》，但由于我国民用航空安全监察工作主要由民航局和地方管理局以及安全监察办公室负责，以及民用航空单位政府性质、企业性质、半企业性质混杂的特殊性，《企业安全生产费用提取和使用管理办法》没有对民用航空单位进行强制要求。所以对于安全生产费用的提取和使用不是十分规范，安全生产费用是否足额提取和专项使用，不能十分明确地反映，更不能实现安全投入保障。

制度的实质是用集体行为约束个体行为[①]，缺乏对安全投入激励机制以及公司治理结构不合理会导致安全投入激励目标短期化，长期激励不足，追逐短期利益的机会主义严重。在此背景下，安全投入以企业自筹为主，会导致安全投入缺乏强制性，政府的引导作用逐渐弱化。

（二）信息不对称的问题

在市场经济的主导下，对于安全投入来说，组织内部比外部更具有信息的优势，对自身的财务情况、信用水平、盈利情况等都十分了解，而安全投入不能完全由信号传递机制反映，否则会导致严重的信息不对称。代理人会利于"隐藏信息"采取逆向选择行为，诱发机会主义行为，出现一切为了利润的现象。这是由于对管理的考核基本采取以经济利益为主，管理者在侥幸心理的驱使下，忽视安全，盲目扩大规模，降低成本。更有管理者为了自身的业绩，采取见效快的经营性投入，尽可能减少具有滞后性和隐藏性的安全生产投入。

---

① 康芒斯．制度经济学［M］．于树生，译．北京：商务印书馆，1997.

（三）监管机构权责的问题

自2003年民航管理体制改革后，民航行政系统形成了两级行政（民航局、民航地区管理局）、三级机构（民航局、民航地区管理局、民航监督管理办公室）的管理体制。成立了监督管理办公室（监管办），本身就是重视政府职能的发挥、重视民航安全的具体体现，有利于对一线民航企业、部门的安全监管。但是，对于安全有效监管的关键不是成立一个什么部门，而是这个部门到底能起多大作用，起什么样的作用。

现在，从民航赋予监管办的职责范围上看比较笼统，没有具体的内容，可以说民航局管的，监管办都要管，地区局管的，监管办也都要管，出了问题民航局、区局、监管办一起上。最后的局面就是都管，都管不好，都做，都做不了。所以，领导的支持要在具体的事情上有所体现，支持上要有所侧重，应在改革完成之后，把精力重点放在两级政府、三个层次管理职责的明确和划分上。特别是监管办作为一个崭新的单位，在整个民航行业管理上应该予以明确界定，重点放在监管办职能发挥上。如果能够以监管办职能的明确和划分为契机，建立起一套清晰明了、操作性强的民航“两级政府，三级管理”的新体系，将更有利于发挥民航政府的安全监管职能。

根据《中华人民共和国民用航空法》和《民用航空地区行政机构职能配置、机构设置和人员编制规定》（国办发〔2002〕63号文），民航局和民航地区管理局是独立的机关法人，能够依法以自己的名义享有权利并承担义务；对于民航监管办，由于《民航法》颁布较早，其中并没有对监管办的地位作相关规定，而根据国办发〔2002〕63号文，由于其是地区管理局的派出机构，不是机关法人，因此，并不具备法律意义上的行政主体资格。

目前，监管办虽然承担着所辖地域航空公司、机场等民航企事业单位的安全监督和市场管理职责，但其本身仍是不具备行政主体资格的。这对于更好地实施政府监管职能不利。

（四）委托—代理关系产生的问题

民用航空企业安全生产的委托—代理关系引发安全投入的动力缺失。前文所述，安全投入具有社会属性和经济属性双重属性，社会属性的特征决定了安全对社会经济的稳定和发展具有重要的影响，因此安全投入的主体在计划经济体制下，由政府来承担，随着我国经济体制的转变，安全规制逐步形成以企业为安全主体的“国家监察、地方监管、企业负责”格局，存在着中央政府（委托人）、地方政府（监管者）和企业（代理人）之间的委托代理关系①。在实际的安全生产管制中，三方由于目标利益并不总是一致，存在信息不对称问题，如作为监管者的地方政府（地区管理局），可能出于自身利益的需求（如GDP指标要求等），并不总是将信息反馈给中央政府（委托人），甚至歪曲信息，而中央政府由于监察成本的原因无法直接获取企业（代理人）的安全信息（如安全投入金额、安全政策落实情况等），这样就会导致企业（代理人）为谋求自身效用最大化的道德风险或机会主义行为产生。

对于企业而言，企业经营者会出于对企业经营财务业绩考核的需要，追求短期内或任职期间经营业绩的提升，而由于安全投入的巨额性、安全收益的隐蔽性和滞后性②，企业经营者会将资金转而投向能够快速收益的领域，减少安全投入；为了快速收回投资成本，获取更大的经济收益，大幅度削减企业经营必要的安全投入甚至不投入，成本的削减换来价格上的优势，使安

① 肖兴志，赵杨．煤矿安全规制的委托—代理模型分析［J］．财贸研究，2009（3）：80-87.

② 汤凌霄，郭熙保．我国现阶段矿难频发成因及其对策：基于安全投入的视角［J］．中国工业经济，2006（12）：53-59.

全投入成本较高的企业收益下降甚至亏损，形成了市场中的“柠檬市场”（Lemon’s Market）。中央政府（委托人）和企业（代理人）的信息不对称，使政府难以及时全面地观察到企业的安全投入行为，也导致了企业抱有侥幸心理，寻求机会主义行为，而结果往往是矿难发生之后才被发现，然而到了这时，损失已无法挽回。

综上所述，当作为委托人的中央政府，无法有效地解决生产中由于信息不对称等市场运行的缺陷时，企业经营者（代理人）客观上就会产生安全投入动力缺失的现象。

五、本章小结

本章通过对我国民用航空安全现状、历史沿革、安全管理模式的梳理，分析了我国民用航空安全投入机制的现状及影响因素，我国民用航空投资的总额较大，政府设立了多项政策性基金作为引导，但以企业自筹资金为主，我国民用航空安全投入存在制度缺失、监管不力的问题，而我国民用航空实行特殊的三级监管模式，研究安全投入问题首先要梳理政府安全监管与企业的关系。

第四章　民用航空安全投入机制的经济学分析

一、安全的公共性

安全在《现代汉语词典》中的定义是“没有危险；不受威胁；不出事故”。在安全科学上，安全是指人、物之间具有和谐并存的关系。安全的三要素是人、物、人与物的关系。安全属于“无形产品”。政府、社会或者企业则是这类无形产品的主要“生产者”。安全具有典型的公共产品属性，即“无排他性”和“非竞争性”。

（一）无排他性

消费的非排他性，即任何人都不能因为自己的消费而排除他人对该物品的消费。例如，民用航空企业进行安全生产是首位的工作，这种“安全”是

企业每个人所创造的，个别人不遵守安全操作规程，其违规行为在没有形成事故之前，是“免费”消费其他人所创造的“安全”产品，个别人的不安全行为而导致的安全产品隐性短缺（存在隐患、风险较高的危险源）或显性短缺（事故）。正是安全的无排他性，人们对这种产品的使用存在不安全“消费”，最终导致事故的发生，并且因它引起的经济损失将以不同的方式落实到每个社会成员的身上①。

公共物品的非排他性使通过市场交换获得公共物品的消费权力的机制出现失灵。因为整个经济上理性的人都试图做一个“免费乘车者”或者“逃票人”。这意味着，生产公共物品的厂商很有可能得不到抵补生产成本的收益，长期来看，这些厂商不会继续提供这种物品。可见，公共物品很难由市场得到供给，至少是供给不足。

（二）非竞争性

公共物品都不具有消费的竞争性，即在给定的生产水平下，向一个额外消费者提供商品或服务的边际成本为零。公共物品的这种性质，使私人市场缺乏动力，不能有效地提供公共物品和服务。

“安全”的非竞争性说明，在企业层面，一些企业往往只注重本位利益、眼前利益，不愿考虑整体利益、长远利益，致使事故隐患层出不穷。

公共物品的本质特征决定了政府提供的必要性②。公共物品的基本特征是非排他性、非竞争性和外部性。非排他性决定了人们在消费这类产品时，往往都会有不付费的动机，而倾向于成为免费搭乘者，这种情形不会影响他人消费这种产品，也不会受到他人的反对（由公共物品的非竞争性特点所决

① 田水承．现代安全经济理论与实务［M］．徐州：中国矿业大学出版社，2004：20.

② 王乐夫，等．公共管理学原理、体系与实践［M］．北京：中国人民大学出版社，2007.

定）。在一个经济社会中，只要有公共物品存在，“免费搭车者”就不可避免。这样，私人企业如果提供公共物品，就无法收回成本。同时，由于公共物品的个人消费“量”是不确定的，价格机制不能有效发挥作用，竞争市场上一般无法提供这类产品，就像经济学家所说的，竞争性的市场不可能达到公共物品供给的帕累托最优。因此，实现安全生产单靠煤炭企业自身是不可能的，必须考虑安全利益规律，明确安全利益主体，以充分发挥各利益体的主观能动性。

“安全”产品的公共属性说明企业实现安全生产在某种程度上履行了社会责任。

二、安全的利益性

安全具有两大基本功能：第一，直接减轻或免除事故或危害事件给人、社会和自然造成的损伤，实现保护人类财富，减少无益损耗和损失的功能；第二，保障劳动条件和维护经济增值过程，实现其间接为社会增值的功能。

安全利益①是指通过安全水平的实现，对社会、国家、集体、个人所产生的效益。其实质是用尽量少的安全投入，提供尽可能多的符合全社会需要和人民要求的安全保障。因此，在本书中安全利益与安全效益一致。

（一）安全效益的分类

安全效益从层次上可分为经济效益和非经济效益。安全的经济效益是指

① 黄盛仁．安全经济效益评价理论及模型研究［D］．北京：中国地质人学博士学位论文，2003：15.

通过安全投入，在生产和生活过程中保障了技术、环境及人员安全的能力和功能，为社会经济发展带来的利益。安全的非经济效益即安全的社会效益，是安全条件的实现，对国家和社会发展、企业或集体生产的稳定、家庭或个人的幸福所起的积极作用。安全的非经济效益是通过减少人员的伤害、环境的污染和危害来体现的。

从安全效益的表现形式看，安全的经济效益可分为直接经济效益和间接经济效益。安全的直接经济效益是人的生命安全和身体健康的保障与财产损失的减少，这是安全减轻生命与财产损失的功能；安全的间接经济效益是维护和保障系统功能（生产功能、环境功能等），使其作用得以充分发挥，这是安全效益的增值能力（见图4-1）。

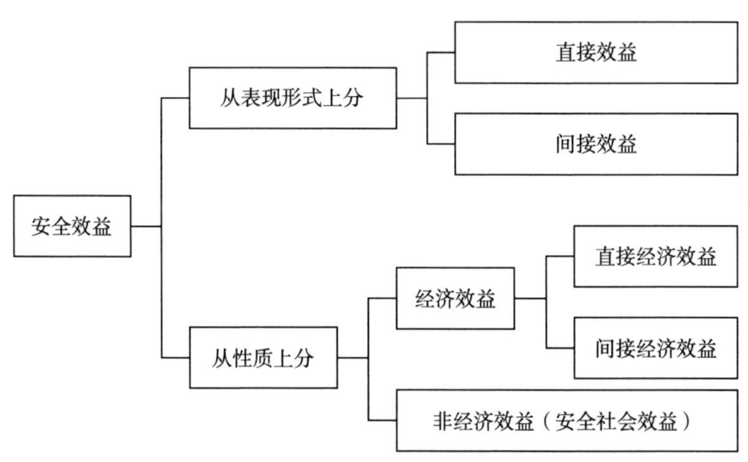

图4-1　安全效益的分类

（二）安全效益的特点

安全效益具有间接性、滞后性、长效性、多效性、潜在性、复杂性等特性。安全效益的间接性表现在安全不是直接的物质生产活动。安全的经济效益是通过减少事故造成的人员伤亡和财产的损失来体现其价值的。这种客观后果一方面使社会、企业和个人遭受的无益的浪费损失得以减轻，实现了间接增值的作用；另一方面，由于保护了生产的人和生产的技术或工具，间接地促进了生产的增值。因此，安全的效益是从物质资料生产或非物质资料生产的过程中间接地产生的。某些安全的费用不是直接投入物质生产资料的生产过程，而是投入安全保障过程。例如，消防、治安、保险、交通安检等社会生活领域的安全活动，其投资的直接目的不是物质的生产。但是，这种过程的结果，能间接地为社会取得经济节约的作用，以及促进经济生产的作用。

安全效益的滞后性表现在安全的减损伤亡和财产损失，不是在安全措施运行之时就能体现出来，而是在事故发生之时才表现出其价值和作用。但是安全投入活动不能等到事故发生之时才去完成，所谓“亡羊补牢”，而应是超前预防，防患于未然，因而必须承认安全效益的滞后性，理解安全投资的回收期较迟。国外的研究表明，一般物力投资获得的效益为投资的 3.5 倍，而安全投资获得的效益是其投入的 6.7 倍。

安全措施的作用和效果往往是长效的，不仅在措施的功能寿命期内有效，在措施失去“功能”之后，其效果还会持续或间接发生作用。如对核污染采取对策，其作用不仅是措施本身当时所产生的效能，而且具有造福人类子孙的长久效益，安全教育措施的功效，也不是在当时当事起作用，如受安全教育者获得的知识、技能和意识，将会使受教育者受益一辈子。

安全的多效性表现在：安全保障了技术功能的正常发挥，使生产能得以顺利进行，从而直接促进生产和经济的发展；保护了生产者人员的安全，并使其健康和身心得以维护，从而提高人员的劳动生产率，起到使经济增长的

作用；安全措施使人员伤亡和财产的损失得以避免或减少，减“负”为“正”，直接起到为社会经济增值的作用。

安全措施的经济效果更多的不是直接地从其本身的功能中表现出来，而是潜在于安全过程和目的的背后。安全的目的主要是指人的安全与健康，而人的生命与健康是很难直接用货币来衡量的。从形式上来看，安全直接体现的意义并不是经济的。

安全的效益具有多效性和复杂性的特点，既有直接的，又有间接的；既有经济的，又有非经济的；既有能用货币直接测量的内容，又有不能直接用货币来衡量的方面。

安全问题不仅能减少或防止事故带来的经济损失，更有促进社会发展和经济建设的作用。换言之，安全不仅具有负效益的一面，更有正效益的意义，安全也是一种生产力。

（三）安全效益的规律

安全效益规律并不以人的意志为转移。在一定的技术水平下，安全效益=减损效益+增值效益+安全的社会效益（含政治效益）+安全的心理效益（情绪、心理等）。

安全效益规律是在安全投入产出中体现的，预防性的“投入产出比”远远高于事故整改的“产出比”，1 分预防性投入胜过 5 分的事故应急或事后的整改投入。在工业实践中，存在一个安全效益的“金字塔法则”，即设计时考虑 1 分的安全性，相当于加工和制造时的 10 分安全性效果，进而会达到运行投产后的 1000 分安全性效果。

Clarkson（1995）[①][②] 提出，当公司社会责任可以从利益相关者管理模型的角度来加以定义时，它必须包括两个主要概念：盈利与伦理，因此公司社会责任既有经济面，又有道德面。这样的定义让我们可以解决一个基本的战略性问题，即如何协调这两类不同的责任以及如何保持它们的平衡。

Davis 和 Blomstrom 等（1966）[③] 论述了企业与社会各利益群体关系的重要性。他们认为："企业和政府越来越相互分担对广大的社会问题的责任，政府与企业之间的许多关系在于立法方面，其他则是在对企业的帮助上。政府通过两种形式介入企业，一种是提供帮助，另一种是进行制约。而企业需要政府参与解决社会问题。"企业对消费者的主要责任在于确认和理解他们的需求，通过提供产品和服务及相关信息与承诺来满足消费者。企业与社区之间的关系是，社区的概念不应只是指企业所在的政治区划，还是指企业对当地的影响区域。企业是社区权力结构的一部分，因而它无法忽视对社区的责任。企业应通过捐赠资助社区教育和文化活动，关心土地使用、空气和水源污染等问题，同时社区也应"友好"和"公平"地"善待"社区里的企业。

安全利益关系是经济关系的核心内容和本质。将利益相关者理论用于安全领域，可以正确处理在实施安全对策的过程中发生的人与人、人与社会、个人与企业以及企业与社会之间的安全经济利益的关系。

---

① Clarkson, M. A. Stakeholder Framework for Analyzing and Evaluating Corporate Social Performance [J]. Academy of Management Review, 1995, 201: 92-117.

② Clarkson, Max B. E. Defining, Evaluating, and Managing Corporate Social Performance: The Stakeholder Management Model, in Research in Corporate Social Performance and Policy [M] // L. E. Preston. Greenwich. CT: JAI Press, 1991.

③ Davis, Keith, Blomstrom, Robert L. Business and Its Environment [M]. McGraw-Hill Book Company, 1966: 185-204.

三、民用航空安全投入机制的博弈分析

民用航空安全投入机制的有效运转，对于民用航空安全投入的方向、力度和强度起着决定性作用。民用航空安全投入机制的逻辑框架为：中央政府（民航局）—地方政府（地区管理局）—民用航空企业—工人，在此框架中，中央政府（民航局）对民用航空安全生产、安全投入、安全工程及设施进行监察，并对地方政府（地区管理局）民用航空安全监管工作进行监督、检查和指导；地方政府（地区管理局）主要对辖区民用航空安全生产、安全投入、安全培训等进行日常监督和管理；民用航空企业根据中央政府（民航局）和地方政府（地区管理局）关于安全生产和安全投入的法律、法规、政策、制度和措施，具体负责落实，组织企业从业人员开展安全工作；工人是安全生产体系中的利益攸关者，按照安全规范、操作标准和技术的要求，执行日常工作。安全投入机制体系中的四方主体由于收益和成本，为寻求自身利益最大化，彼此相互影响作用，推动着安全投入机制的运行。本章试图通过利用经济学的博弈论和委托—代理理论来分析和研究安全投入机制的内在机理、相互作用的方式及作用结果，并为安全投入机制有效运行提出相应的对策建议。

根据博弈理论，各个主体都希望自身利益的最大化，并基于此开展相互博弈活动。所以，可以将民用航空安全投入机制中参与博弈的四个主体：中央政府（民航局）、地方政府（地区管理局）与民用航空企业、民用航空从业人员，构建三组博弈模型，即中央政府（民航局）与地方政府（地区管理局）、地方政府（地区管理局）与民用航空企业、民用航空企业和民用航

空从业人员。

（一）中央政府（民航局）与地方政府（地区管理局）安全投入博弈

中央政府（民航局）与地方政府（地区管理局）在民用航空安全投入中所获得的利益是由各自的收益和成本所决定的，具体来说，中央政府（民航局）的收益可以体现在：政府形象和权威的效用提升，工人的生命和健康得到保障，获得社会舆论正面评价，减少民用航空事故带来的经济损失，增加行政处罚的经济收入等；中央政府（民航局）的成本体现在：监察机构的设立和运行所需费用，包括办公费用、人员工资费用等，制度建设成本，与同级相关机构和地方政府（地区管理局）各部门之间的协调成本，民用航空事故发生带来的社会和经济的不良影响（民用航空运力不足）。地方政府（地区管理局）和中央政府（民航局）的收益与成本构成基本相同，但还需增加更多的诉求。收益方面，除上述中央政府（民航局）收益之外，还增加了上级部门的嘉奖等政治收益、地方管理费用收益；成本方面，须增加地方财政收入和使就业率的下降，以及地方相关经济产业发展受到的不利影响（比如旅游业和商业）。

在中央政府（民航局）与地方政府（地区管理局）二者参与的博弈模型中，将中央政府（民航局）利益的效用函数设为 U_z，中央政府（民航局）的收入函数设为 $G(D_z, i)$，其中，D_z 表示中央政府（民航局）对地方政府（地区管理局）的监察力度，i 表示安全生产事故发生的概率。中央政府（民航局）的监察力度 D_z 会受到安全生产事故发生概率 i 的影响，两者呈正相关关系，可以记作 $D_z(i)$。中央政府（民航局）的成本函数包含两部分，分别是：中央政府的投入 D_z 的各种检查成本，记作 $W(D_z)$；由于事故支付的成本（经济成本和社会成本），记作 $F(i)$。所以，可以得出中央政府（民航局）的利益效用函数：

$$U_z=G(D_z, i)-W(D_z)-F(i) \tag{4-1}$$

同理可得，地方政府(地区监管局)的效用函数：

$$U_d = R(D_d, D_z) - M(D_d) - H(D_z) \tag{4-2}$$

其中，U_d 表示地方政府(地区管理局)的利益效用函数，$R(D_d, D_z)$ 表示地方政府(地区管理局)的收入函数，D_d 表示地方政府(地区管理局)的监管力度，当中央政府(民航局)的监管力度 D_z 加大时，D_d 也随之变大。$M(D_d)$ 表示地方政府(地区管理局)投入的监察成本，$H(D_z)$ 是地方政府(地区管理局)由于监管不力而受到的处罚。

根据博弈论，中央政府(民航局)和地方政府(地区管理局)都想获得利益效用最大，即 $MaxU_z$ 和 $MaxU_d$，由式(4-1)和式(4-2)可得：

$$\frac{\partial U_z}{\partial i} = \frac{\partial G}{\partial D_z} \times D_z' + \frac{\partial G}{\partial i} - \frac{\partial W}{\partial D_z} \times D_z' - F'(i) \tag{4-3}$$

$$\frac{\partial U_d}{\partial D_z} = \frac{\partial R}{\partial D_d} \times D_d' + \frac{\partial R}{\partial D_z} - \frac{\partial H}{\partial D_d} \times D_d' - M'(D_d) \tag{4-4}$$

根据式(4-3)和式(4-4)可知，应该存在两组最优解 i 和 D_z 以及 D_z 和 D_d 满足 U_z 和 U_d 的利益效用最大化。博弈双方同时获得利益最大化必须满足两组最优解。但是，在实际中，无论是中央政府(民航局)还是地方政府(地区管理局)都无法达到这样的效果。中央政府(民航局)在安全生产事故的处理上承担了更多的工作，奔波于全国各个地区管理局，从这个意义上来说，现有的安全生产事故发生概率(i)与中央政府(民航局)的监察力度(D_z)间，中央政府(民航局)的监察力度(D_z)与地方政府(地区管理局)的监管力度(D_z)都偏离了最优解，其偏离程度越大，安全生产事故发生的可能就越大。

(二) 地方政府(地区管理局)与民用航空企业安全投入博弈

地方政府（地区管理局）与民用航空企业（航空公司、机场等）间的关系较为复杂，一方面，政府要求民用航空企业发展，从而获得财政收入和提供就业岗位；另一方面，地方政府（地区管理局）还承担着监管责任，需要支付监管的成本，以及接受上级单位的监管并在出现问题时接受处罚。民用航空企业一方面通过经营获得了利润，降低了安全投入不足造成的处罚以及安全生产事故造成的损失；另一方面，也需要支付煤矿安全投入的成本。由此，地方政府（地区管理局）与民用航空企业间形成了一种微妙的关系，既有相互合作的关系，也存在某种意义上的对立关系。

通过建立地方政府（地区管理局）与民用航空企业的博弈模型分析二者间的关系，模型假设如下：

（1）参与者：地方政府（地区管理局）、民用航空企业。

（2）规制：地方政府（地区管理局）的行为集合是｛监管，不监管｝，民用航空企业的行为集合是｛安全投入充足，安全投入不充足｝。

（3）收益和成本。地方政府（地区管理局）自己的监管成本设为 A，从民用航空企业获取的收益设为 L，民用航空企业自己的经营利润设为 R，按国家相关法律法规投入的成本设为 C，C 为离散变量（要么是 C，要么是 0），如果不进行安全投入，即 C＝0，被地方政府（地区管理局）发现会受到处罚 T，地方政府（地区管理局）因此获得收入 T，但如果民用航空企业因为没有进行安全投入，地方政府（地区管理局）没有进行监管，因此造成了事故损失，此项损失 H 由地方政府（地区管理局）承担。根据上述假设，可以建立地方政府（地区管理局）与民用航空企业的博弈模型（见表 4-1）。

表 4-1　地方政府（地区管理局）与民用航空企业博弈模型

地方政府（地区管理局）	煤矿企业	
	安全投入充分（q）	安全投入不充分（1-q）
监管（p）	L-A，R-C	L+T-A，R-C-T
不监管（1-p）	L，R-C	L-H，R

从构建的假设模型来看，地方政府（地区管理局）与民用航空企业属于混合战略博弈，当地方政府选择监管的概率是 p，民用航空企业进行充分的安全投入的概率是 q。在 p 值一定时，民用航空企业进行充分的安全投入（q=1）和不充分安全投入（q=0）时，民用航空企业的期望收益是不同的，分别为：

$$E_1(p, 1)=(R-C)p+(R-C)(1-p)=R-C \quad (4-5)$$

$$E_2(p, 0)=(R-C-T)p+R(1-q) \quad (4-6)$$

求解可得，$E_1(p, 1)=E_2(p, 0)$，则 $p^*=\frac{C}{C+T}$，当地方政府（地区管理局）选择监管的概率 $p<\frac{C}{C+T}$时，民用航空企业最优策略是选择不充分的安全投入；当 $p>\frac{C}{C+T}$时，民用航空企业的最优策略是选择充分的安全投入；当 $p=\frac{C}{C+T}$时，民用航空企业的安全投入可以随机选择。

同理，当 q 值一定时，地方政府（地区管理局）选择监管（p=1）和不进行监管（p=0）时，地方政府（地区管理局）的期望收益也是不同的，分别是：

$$U_1(1, q)=(L-A)q+(L+T-A)(1-q) \quad (4-7)$$

$$U_2(0, q)=Lq+(L-H)(1-q) \quad (4-8)$$

当 $U_1(1, q)=U_2(0, q)$时，$q^*=\frac{T+H-A}{T+H}$

当民用航空企业选择安全投入的概率为 $q>\frac{T+H-A}{T+H}$时，地方政府（地区管理局）的最优策略是选择不监管；当民用航空企业选择安全投入的概率 $q<\frac{T+H-A}{T+H}$时，地方政府（地区管理局）的最优策略是进行监管；当 $q=\frac{T+H-A}{T+H}$时，地方政府（地区管理局）可以随机选择是否进行监管。

因此，在此博弈模型中，混合战略的纳什均衡为 $p^*=\frac{C}{C+T}$，$q^*=\frac{T+H-A}{T+H}$，$Emax=R-C$，$Umax=L-\frac{AH}{T+H}$。

也就是说，地方政府以概率$\frac{C}{C+T}$进行监管时，民用航空企业按$\frac{T+H-A}{T+H}$选择进行充分的安全投入，两方获得最大收益的期望值是 R−C 和 $L-\frac{AH}{T+H}$。可以解释为，民用航空企业中有$\frac{T+H-A}{T+H}$的企业选择进行充分的安全投入，有$\frac{A}{T+H}$的企业选择进行不充分的安全投入，所获最大收益的均值是 R−C。

进一步分析可知，民用航空企业选择安全投入的概率 $q^*=\frac{T+H-A}{T+H}=1-\frac{A}{T+H}$，安全投入概率 q 随着地方政府(地区管理局)监管成本 A 的增加而减少，即呈负相关关系；与不进行安全投入被地方政府(地区管理局)监管发现而受到的处罚 T 以及安全生产事故损失 H 呈正相关关系。所以，对地方政府(地区管理局)来说，可以选择的策略是，首先，必须先减少对民用航空安全投入的监管成本；其次，加大对安全投入不足的民用航空企业的处罚力度。对中央政府（民航局）来说，可以选择的策略是，加大对地方政府（地区管理局）的监察和处罚力度。同时，呼吁社会各界（社会媒体、社会群众等）对地方政府（地区管理局）进行舆论监督。

（三）民用航空企业与民用航空从业人员的安全投入博弈

民用航空企业与民用航空从业人员之间的博弈反映在安全投入机制中，企业内部各要素之间的相互影响、互相作用的关系。民用航空企业按照各项

安全管理法律法规的要求进行安全投入活动，保证民航从业人员的工作环境的安全，从而提高劳动生产率。但巨额的安全投入会直接影响企业的利润，如果安全投入不达标，不能保证工作环境的安全，民航从业人员就不愿意留在企业工作。企业聘用新员工需要花费更大的人力资源成本，新员工的培训也需要企业支付人工成本，人工不足也会在一定时期内影响企业的发展。对于民航从业人员来说，一方面通过劳动赚取企业支付的报酬，另一方面面临不安全生产环境可能带来生命和健康的损失，是企业安全投入的最重要的利益相关者，但是，普通民航从业人员，尤其是一线员工在企业决策中基本没有发言权，对管理层的决策影响很小，是弱势群体。在民用航空企业安全投入不足，民用航空从业人员的工作环境得不到足够的保障时，他们没有更好的办法，只能选择忍受或者离职。

基于上述分析，根据博弈论，构建民用航空企业与民用航空从业人员的安全投入博弈模型，假设如下：

（1）参与者：民用航空企业、民用航空从业人员。

（2）规制：民用航空企业的行为集合是｛安全投入达标，安全投入不达标｝，民用航空从业人员的行为集合是｛留任，离职｝。

（3）收益与成本。如果安全投入达标，就会有更多的劳动者愿意加入这样的企业，企业无须应对劳动力不足和生产力闲置的问题，所以，原有的民用航空从业人员离职与否，对民用航空企业基本没有影响；如果安全投入不达标，在信息充分对称的情况下，民用航空企业的从业人员就不愿继续从事高风险的工作，会选择离开民用航空企业，这时，民用航空企业需要支付招聘新员工以及生产力闲置带来的成本（S），如果民航从业人员为高额报酬选择留下，企业可以获利（W）。对于安全投入不达标的民用航空企业，由于没有安全投入成本，其经营成本比安全投入达标的企业要低，因此，可能会带来比同行业其他企业高的收益，因此，一旦生产闲置，损失成本（S）就很大，所以一般来说，S 远远大于 W。对于民航企业从业人员来说，如果他们离开安全投入达标的企业，需要承担损失（X），如果选择留下，能获得收益（X）。如果民用航空从业人员离开安全投入不达标的企业，会因此损失劳动报酬，但从长远来看，民用航空从业人员的生命健康都得到了保障，会获得收益（Y），如果选择留在安全投入不达标的企业，虽然会获得劳动报酬，长远看，生命和健康受到了威胁，会造成损失（Y）。基于以上假设，构建民用航空企业和民用航空从业人员的博弈模型（见表 4-2）。

表 4-2　民用航空企业与民用航空从业人员博弈模型

民用航空企业	民用航空从业人员	
	离职（q）	留任（1-q）
安全达标（p）	0，-X	0，X
不监管（1-p）	-S，Y	W，-Y

同地方政府（地区管理局）与民用航空企业的博弈模型类似，民用航空企业与民用航空从业人员的博弈模型也是一种混合战略博弈模型。假设民用航空企业选择充分安全投入，安全达标的概率为 p，民用航空从业人员选择离职的概率为 q。在 p 一定的情况下，民用航空从业人员选择离职（q=1）和留任（q=0）时，民用航空从业人员的期望收益分别为：

$$E_1(p,\ 1)=(-X)p+Y(1-p) \tag{4-9}$$

$$E_2(p,\ 0)=Xp+(-Y)(1-p) \tag{4-10}$$

当 $E1(p,\ 1)=E2(p,\ 0)$ 时，$p^*=\frac{Y}{X+Y}$。当民用航空企业选择安全投入的概率 $p<\frac{Y}{X+Y}$ 时，民航从业人员的最优策略是选择离职；当民用航空企业选

择安全投入的概率 $p>\frac{Y}{X+Y}$时，民航从业人员的最优策略是选择留任；当民用航空企业选择安全投入的概率 $p=\frac{Y}{X+Y}$时，民航从业人员的最优策略是随机的。

在 q 一定时，民用航空企业选择安全投入达标的概率（p=1）和不达标（p=0）时，民用航空企业的期望收益分别是：

$$U1(1, q)=0q+0(1-q)=0 \tag{4-11}$$

$$U2(0, q)=(-S)q+W(1-q)=0 \tag{4-12}$$

当 U1(1，q)= U2(0，q)时，得 $q^*=\frac{W}{S+W}$。当民用航空从业人员选择离职的概率 $q<\frac{W}{S+W}$时，民用航空企业的最优策略是选择安全投入不达标；当民用航空从业人员选择离职的概率 $q>\frac{W}{S+W}$时，民用航空企业的最优策略是选择安全投入达标；当民用航空从业人员选择离职的概率 $q=\frac{W}{S+W}$时，民用航空企业可以随机选择安全投入达标或不达标。

因此，民用航空企业与民用航空从业人员的博弈中混合战略的纳什均衡是 $p^*=\frac{Y}{X+Y}$以及 $q^*=\frac{W}{S+W}$，民用航空企业选择安全投入的概率是$\frac{Y}{X+Y}$，民用航空从业人员选择离职的概率是$\frac{W}{S+W}$。从纳什均衡的结果分析，民用航空企业安全投入达标的概率（p）受到安全达标企业提供的工资收益（X）以及安全不达标企业造成的民用航空从业人员损失（Y）影响，当$\frac{X}{Y}$越大，p 就越小，这就是说，一方面，民航从业人员的工资（X）越高，民用航空企业安全投入的动力就越小。这也从侧面反映了民用航空人员的高工资是由工作的高风险（生命安全、职业健康等）所决定的。民用航空企业可以选择加大安全投入降低风险，或者选择提高劳动报酬吸引抗风险性高的民航从业人员。二者相比，加大安全投入的成本更高。另一方面，当 Y 值越小时，p 值也会越小。民航从业人员对工作环境不安全给自己带来的损失的认知有很多种，如离职后寻找新工作的难易程度、民用航空从业人员本身的素质等。

我国民用航空安全投入机制运行受到很多方面因素的影响和制约，通过以上对中央政府（民航局）与地方政府（地区管理局），地方政府（地区管理局）与民用航空企业，民用航空企业与民用航空从业人员三组博弈分析，可以得出一些研究结论。

通过理论分析发现，中央政府（民航局）的监察力度和地方政府（地区管理局）的监管力度尚未发挥最大的作用，没有达到利益效用的最大化，这造成无法对民用航空安全生产实施有效的规制，偏离了我国制定的各类安全生产法律、法规以及民用航空行业内部的各项管理规章的初衷，无法形成有效的民用航空安全生产体制。

影响民用航空企业安全投入的因素主要有两方面。一方面是地方政府（地区管理局）监管的成本，以及当发现民用航空企业不达标而做出处罚的力度；另一方面是安全达标的民用航空企业支付民用航空从业人员的工资，以及民用航空从业人员离开安全没有达标的民用航空企业而造成的损失。

因此，我国民用航空安全投入机制的有效运行需要中央政府（民航局）、地方政府（地区管理局）、民用航空企业和民用航空从业人员都做出相应的努力。

（1）对中央政府（民航局）来说，需要在加大中央政府（民航局）的

检查力度的同时，通过其他手段，促进中央政府（民航局）和地方政府（地区管理局）形成利益共同体，实现利益共享。中央政府（民航局）可以通过建立健全民用航空安全规章制度、安全专项基金、安全奖惩制度等，通过激励和奖励政策才能实现。

（2）对于地方政府（地区管理局）来说，在对民用航空企业的监管上具有得天独厚的优势，能够掌握民用航空企业安全投入的实际情况。可以通过中央政府（民航局）适度放权的形式，加大地方政府（地区管理局）对民用航空企业的监管力度，降低监管成本，加大处罚力度。地方政府（地区管理局）可以通过寻求最优监管力度的方式，将监管成本控制在合理的方位，取得最佳的效果。但要注意，一味地加大处罚力度或是将监管成本转移到民用航空企业是不可取的，会造成适得其反的效果。

（3）对于民用航空企业和民用航空从业人员来说，与其他行业相比，民用航空行业的准入门槛较高，民用航空从业人员的素质也较其他行业高。但是近年来，在国家政策的支持下，我国民用航空的高速发展，民用航空企业新增和扩建的比较很高，许多民用航空企业为了快速占领市场，扩大生产和运营规模，需要的民用航空从业人员也越来越多，造成了民用航空从业人员岗前培训的周期明显缩短（典型的例子是民用航空飞行员由副驾驶升任机长的时间由原来的近 10 年缩短到目前的 6~7 年），某种程度上降低了准入门槛，引发民用航空从业人员对劳动报酬偏好的提高，降低了对安全的偏好，使安全不达标的民用航空企业人力资源、培训成本降低，不利于民用航空企业的安全投入。同时，由于民用航空从业人员，尤其是一线员工在安全投入决策上的话语权较小，需要完善工会，提供工会在管理决策中的地位，切实保障民用航空从业人员的切身利益。

四、民用航空安全投入委托—代理分析

在我国民用航空领域，我国目前已经形成了包括民航局、地区管理局和地方安全监管办公室三级监管的政府安全监督系统，在实际运行中，民用航空企业负责安全投入以及安全生产的具体工作，中央政府（民航局）负责安全投入的监察工作，地方政府（地区管理局）负责监管工作，因此，可以将中央政府（民航局）和地方政府（地区管理局）（统称为政府）视为委托人，将民用航空企业视为代理人，二者构成委托—代理关系。为了研究方便，进一步细化，将民用航空企业的管理者视为代理人。

根据前文对民用航空安全投入博弈的分析，政府和民用航空企业均会追求自身利益并将效用最大化。在实际中，政府和民用航空企业的信息是不对称的，政府不能完全了解民用航空企业安全投入的实际情况，并且由于政府和民用航空企业间的复杂关系，在信息不对称的情况下，必然会出现政企合谋的现象。

在此条件下，如果仅采用传统意义上的行政手段对民用航空企业严格管理和加大处罚力度，就会造成民用航空企业生产和运营的萎缩，就业率下降，不利于我国民用航空事业的发展和我国经济社会的发展，因此，需要建立一套激励相容机制，让政府（委托人）和民用航空企业（代理人）均能实现各自效用的最大化。

委托—代理关系是由委托人和代理人双方共同建立的一种契约关系，保证委托人和代理人双方的利益。达成契约关系有必要的约束条件，一个是参

与约束（Intentive Rationality Constraint，IR），另一个是激励相容约束（Intentive Compatibility Constraint，IC）。其中，参与约束是指代理人在契约条件下可以获得的效用必须要大于不达成契约时可以获得的最大效用；激励相容约束是指代理人执行契约时的行动必须大于或者等于选择其他行为时的期望效用。委托人设立契约的目的就是确定订立一项激励合同，让代理人选择特定的行为，获得效用的最大化。在民用航空安全投入的委托—代理关系中，政府是委托人，民用航空企业是代理人，委托人订立激励合同，代理人在合同的约束下，选择民用航空企业的安全投入和经营活动，实现经济效益和安全效益的最大化。

（一）单任务委托—代理模型

在单任务委托—代理模型中，假设政府（委托人）追求民用航空企业生产运营安全效用，民用航空企业管理者（代理人）的工作努力就是民用航空企业安全投入的努力，假设民用航空企业管理者（代理人）选择的安全投入努力程度为 α，由于委托人与代理人间信息不对称，政府（委托人）无法明确民用航空企业管理者（代理人）的努力程度，假设π是安全投入努力的产出，则$\pi=\alpha+\varepsilon$，其中，$\varepsilon \sim N(0, \sigma^2)$ 是关于安全投入产出的随机变量。

Holmstrom 与 Migrom（1987）研究表明在委托—代理关系中，代理人的报酬是产出的线性函数①，因此，可以假设民用航空企业管理者获得的报酬 W 是安全投入产出的π的线性函数，$W(\pi)=s+b\pi$，s 是民用航空企业管理者固定的劳动报酬，由管理者工作的努力程度 α 决定（$\alpha=0$ 时，$s=0$），b 是浮动

① Holmstrom，Milgrom R. Aggregation and Linearity in the Provision of Intertemporal Incentives[J]. Econometrica，1987(55)：303-328.

劳动报酬系数，由安全产出决定，是民用航空企业管理者分享的安全投入产出的比例。

假设民用航空企业管理者安全投入的成本为 $C(\alpha)=m\alpha^2/2$，其中，m 是努力成本的系数，m 越大时，同样努力水平 α 下安全投入的成本 $C(\alpha)$ 就越大。

因此，民用航空企业管理者实际上的收入为：$W_1=W(\pi)-C(\alpha)=s+b(\alpha+\varepsilon)-m\alpha^2/2$，效用函数是 $E(W_1)=E[s+b(\alpha+\varepsilon)-m\alpha^2/2]$，如果民用航空企业管理者实现其效用最大化，即求 W_1 对民用航空企业管理者的努力程度 α 求导，得 $\alpha=\frac{b}{m}$，假设代理人民用航空企业管理者承担管理工作的机会成本是 W_0，则代理人的参与约束 $E(W_1)\geqslant E(W_0)$。此时，委托人的实际收入是：$W_2=\pi-W(\pi)=\pi-(s+b\pi)$，代入 $\pi=\alpha+\varepsilon$，效用函数是 $E(W_2)=E[-s+(1-b)(\alpha+\varepsilon)]=-s+(1-b)\alpha$。政府作为委托人可以通过设定合理的 s 和 b，订立激励合同，在参与约束和激励相容约束下，实现效用最大化：

$$\max[-s+(1-b)\alpha] \tag{4-13}$$

$$(IR)\ s+b(\alpha+\varepsilon)-\frac{m\alpha^2}{2}\geqslant W_0 \tag{4-14}$$

$$(IC)\ \alpha=\frac{b}{m} \tag{4-15}$$

基于上述线性规划，委托人可以通过确定相应的参数 α、s 以及 b 订立最优契约。

以上的分析是基于委托人和代理人在风险中都保持中立的态度，也就是说双方的目的都是实现自身利益的最大化。假设委托人是中立态度，而代理人是风险规避态度（对风险的容忍程度较低），也就是代理人的确定性等价收入是实际收入均值减去风险成本，并且代理人对风险的态度不会随收入的变

化而发生变化，设代理人的绝对风险规避程度为 ρ，则代理人风险规避的效用函数 $u=-e^{-\rho w_1}$，则民用航空公司管理者需要承担的风险成本是$\frac{\rho\sigma^2 b^2}{2}$，σ 是收益的方差，委托人设定的线性规划可以进一步演变为：

$$\max[-s+(1-b)\alpha] \tag{4-16}$$

$$(IR)\ s+b(\alpha+\varepsilon)-\frac{m\alpha^2}{2}-\frac{\rho\sigma^2 b^2}{2}\geqslant W_0 \tag{4-17}$$

$$(IC)\ \alpha=\frac{b}{m} \tag{4-18}$$

解得：

$$b^*=\frac{1}{1+m\rho\sigma^2} \tag{4-19}$$

$$a^*=\frac{1}{m(1+m\rho\sigma^2)} \tag{4-20}$$

民用航空企业管理者的固定报酬 s 等于：

$$s^*=W_0+\frac{m\rho\sigma^2-1}{2m(1+m\rho\sigma^2)^2} \tag{4-21}$$

所以，政府作为委托人订立代理人民用航空企业管理者的劳动报酬为 $W(\pi)=s^*+b\times\pi$ 的安全投入契约，在信息不对称的条件下，实现自身利益的最大化。

由式(4-21)可得，代理人的安全投入努力程度(α)由三个变量决定，分别是 m、ρ 以及 σ，并呈反比例关系。其中，m 表示代理人的努力成本系数，m 越高，单位努力程度 α 的成本就越高，代理人安全投入努力的意愿就越小；ρ 表示代理人的绝对风险规避程度，ρ 越小，代理人的风险偏好越高，代理人安全投入努力的意愿越大，所以需要提高安全投入的激励程度，并尽量选择风险规避程度小的代理人；σ 表示收入方差，由于安全投入受到各种客观条件的限制，安全投入的过程难以预测，未发生事故时安全投入的产出难以测量，造成收入不确定，使代理人安全投入努力的意愿下降，通过建立健全安全投入评价体系减少安全投入的不确定性，可以促使代理人进行安全投入，并明确安全投入的方法。

(二)多任务委托—代理模型

在民用航空生产运营的实际中，政府除要求民用航空企业安全生产外，还肩负着发展民用航空事业和民用航空经济的责任。目前，我国的经济社会发展对民用航空的需求激增，在对民用航空安全投入的博弈分析中也发现，经济社会对民用航空运力的要求和安全的需求同样强烈，二者构成博弈关系，民用航空的大规模扩张也是民用航空安全生产事故的隐患所在。在政府(委托人)与民用航空企业(代理人)的行业发展和安全投入的两项任务时，如何使二者的利益效用均达到最大化，是一个重要的问题。为了研究这个问题，构建多任务的委托—代理模型。

模型假设:

假设1：委托—代理关系中，政府(委托人)、民用航空企业(代理人)有两项任务：安全投入与生产运营，将努力程度分别设为α_1、α_2，其中，α_1是民用航空企业管理者(代理人)安全投入的努力程度，α_2是民用航空企业管理者(代理人)生产经营的努力程度。委托人和代理人之间依旧是信息不对称的状态，委托人无法得知代理人的努力程度，但可以明确地知道产出，其中，生产营运的产出为$\pi_1=\alpha_1+\varepsilon_1$；安全投入的产出为$\pi_2=\alpha_2+\varepsilon_2$，$\varepsilon_i\sim N(0,\sigma_i^2)(i=1,2)$，表示关于产出的随机变量，且$\varepsilon_1$与$\varepsilon_2$相互独立。

假设2：民用航空企业管理者(代理人)的努力成本函数$C(\alpha_1,\alpha_2)=\frac{\alpha_1^2}{2}+\frac{\alpha_2^2}{2}$是一个递增函数，即民用航空企业管理者(代理人)的努力程度越高，付出的成本越大，并且成本增加的幅度越来越大。

假设3：当政府（委托人）对风险持中性态度，民用航空企业管理者（代理人）对风险持规避态度时，设其绝对风险的规避程度为 ρ，风险规避效用函数是 $u=-e^{-\rho\omega}$，民用航空企业管理者（代理人）承担的风险是$\frac{\rho\sigma_1^2b_1^2}{2}+\frac{\rho\sigma_2^2b_2^2}{2}$，$\sigma_i(i=1,\ 2)$为收益的方差。此时，民用航空企业管理者（代理人）确定性等价收入 CE（Centainty Equivalence）是：$CE=E[\omega(\pi_1+\pi_2)]-C(\alpha_1+\alpha_2)-\frac{\rho\sigma_1^2b_1^2}{2}+\frac{\rho\sigma_2^2b_2^2}{2}$。

假设4：政府（委托人）的收入可以固定替代弹性函数（Constant Elasticity of Substitution Production Function，CES）表示：

$$Y=[\beta\pi_1^{1-\gamma}+1-\beta\pi_2^{1-\gamma}]^{\frac{1}{1-\gamma}}-\omega(\pi_1,\ \pi_2) \tag{4-22}$$

其中，β 表示第一项任务对代理人收入的影响程度，$1-\beta$ 表示第二项任务对代理人收入的影响程度，两项任务都是委托人所要求代理人实现的，所以 $0\leqslant\beta\leqslant1$；$\gamma$ 是两项任务的可替代弹性参数，为两项任务的可替代弹性参数，当 $\gamma=0$ 时，固定替代弹性函数就转变为线性函数，政府（委托人）收入可以表示为 $Y=[\beta\pi_1^{1-\gamma}+(1-\beta)\pi_2^{1-\gamma}]^{\frac{1}{1-\gamma}}-\omega(\pi_1,\ \pi_2)$，两项任务可以相互替代，当 $\gamma=1$ 时，固定替代弹性函数转变为柯布—道格拉斯函数，则委托人收入可以表示为 $Y=A\pi_1^{\alpha}\pi_2^{1-\alpha}-\omega(\pi_1,\ \pi_2)$，两项任务完全不可替代。由于政府（委托人）对风险持中性态度，故委托人的期望效用即为期望收入：

$$\begin{aligned}EU_1=E(Y)&=E\{[\beta\pi_1^{1-\gamma}+(1-\beta)\pi_2^{1-\gamma}]^{\frac{1}{1-\gamma}}-(s+b_1\pi_1+b_1\pi_1)\}\\&=[\beta\alpha_1^{1-\gamma}+(1-\beta)\alpha_2^{1-\gamma}]^{\frac{1}{1-\gamma}}-(s+b_1\alpha_1+b_1\alpha_1)\end{aligned} \tag{4-23}$$

民用航空企业管理者（代理人）的确定型等价收入是：

$$CE = E[\omega(\pi_1+\pi_2)] - C(\alpha_1+\alpha_2) - \frac{\rho\sigma_1^2 b_1^2}{2} + \frac{\rho\sigma_2^2 b_2^2}{2}$$

$$= s + b_1\alpha_1 + b_1\alpha_1 - \frac{\alpha_1^2}{2} - \frac{\alpha_2^2}{2} - \frac{\rho\sigma_1^2 b_1^2}{2} - \frac{\rho\sigma_2^2 b_2^2}{2} \tag{4-24}$$

要实现民用航空企业管理者(代理人)确定型等价收入的最大化，就要分别对民用航空企业管理者(代理人)在两项任务上投入的努力 α_1、α_2 求导，可得 $\alpha_1^* = b_1$，$\alpha_2^* = b_2$。

构建民用航空安全投入的多任务委托—代理优化模型：

$$\max[\beta\pi_1^{1-\gamma} + (1-\beta)\pi_2^{1-\gamma}]^{\frac{1}{1-\gamma}} - (s + b_1\alpha_1 + b_1\alpha_1) \tag{4-25}$$

$$(IR)\ s + b_1\alpha_1 + b_1\alpha_1 - \frac{\alpha_1^2}{2} - \frac{\alpha_2^2}{2} - \frac{\rho\sigma_1^2 b_1^2}{2} - \frac{\rho\sigma_2^2 b_2^2}{2} \tag{4-26}$$

$$(IC)\quad \alpha_1^* = b_1,\ \alpha_2^* = b_2 \tag{4-27}$$

α_1、α_2 以及 β 最优时，参与约束成立：

$$s + b_1\alpha_1 + b_1\alpha_1 - \frac{\alpha_1^2}{2} - \frac{\alpha_2^2}{2} - \frac{\rho\sigma_1^2 b_1^2}{2} - \frac{\rho\sigma_2^2 b_2^2}{2} = \omega_0 \tag{4-28}$$

将式(4-27)及式(4-28)代入式(4-23)，可得：

$$EU_1 = EY = E\{[\beta\pi_1^{1-\gamma} + (1-\beta)\pi_2^{1-\gamma}]^{\frac{1}{1-\gamma}} - (s + b_1\pi_1 + b_1\pi_1)\}$$

$$= [\beta\alpha_1^{1-\gamma} + (1-\beta)\alpha_2^{1-\gamma}]^{\frac{1}{1-\gamma}} - (s + b_1\alpha_1 + b_1\alpha_1)$$

$$= [\beta\pi_1^{1-\gamma} + (1-\beta)\pi_2^{1-\gamma}]^{\frac{1}{1-\gamma}} - \omega_0 - \frac{b_1^2}{2} - \frac{b_2^2}{2} - \frac{\rho\sigma_1^2 b_1^2}{2} - \frac{\rho\sigma_2^2 b_2^2}{2} \tag{4-29}$$

政府(委托人)期望效用最大化的一阶条件是：

$$\frac{\partial E(U_1)}{\partial b_1} = \frac{1}{1-\gamma}[\beta b_1^{1-\gamma} + (1-\beta)b_2^{1-\gamma}]^{\frac{1}{1-\gamma}} \times \beta(1-\gamma)b_1^{-\gamma} - (1+\rho\sigma^2)b_1 = 0$$

$$\frac{\partial E(U_1)}{\partial b_2} = \frac{1}{1-\gamma}[\beta b_1^{1-\gamma} + (1-\beta)b_2^{1-\gamma}]^{\frac{1}{1-\gamma}} \times \beta(1-\gamma)b_2^{-\gamma} - (1+\rho\sigma^2)b_2 = 0$$

可得：

$$\frac{b_1^*}{b_2^*}=\left(\frac{\beta}{1-\beta}\times\frac{1+\rho\sigma_2^2}{1+\rho\sigma_1^2}\right)^{\frac{1}{1-\gamma}} \tag{4-30}$$

由式(4-27)及式(4-30)可知，在信息不对称的前提下，多任务委托—代理模型的最优模型是$\frac{\alpha_1}{\alpha_2}=\frac{b_1^*}{b_2^*}=\left(\frac{\beta}{1-\beta}\times\frac{1+\rho\sigma_2^2}{1+\rho\sigma_1^2}\right)^{\frac{1}{1-\gamma}}$，在此契约下，委托人和代理人的效用均可以达到最大化。进一步分析激励机制对民用航空企业管理者的安全投入努力程度的影响，设 $\varphi(\beta,\ \rho,\ \sigma_1,\ \sigma_2)=\frac{\alpha_1}{\alpha_2}=\frac{b_1^*}{b_2^*}=\left(\frac{\beta}{1-\beta}\times\frac{1+\rho\sigma_2^2}{1+\rho\sigma_1^2}\right)^{\frac{1}{1-\gamma}}$，表示两项任务的相对努力程度或是相对激励程度，设任务 1 是民用航空企业安全投入，任务 2 为生产运营，通常情况下，考虑到生产运营结果的可测量，以及安全投入产出的难于测量，以及影响因素较多的干扰，方差 $\sigma_1^2>\sigma_2^2$，则当 $\beta<\frac{1}{2}$时，$\beta<1-\beta$，有$\frac{\beta}{1-\beta}\times\frac{1+\rho\sigma_2^2}{1+\rho\sigma_1^2}<1$，得 $\alpha_1<\alpha_2$。说明在最优激励相容条件下，政府(委托人)对民用航空生产运营的重视程度 $1-\beta$ 高于对安全投入 β 的重视程度，会导致民用航空企业管理者(代理人)对生产运营更为重视。

当$\frac{\partial\varphi(\beta,\ \rho,\ \sigma_1,\ \sigma_2)}{\partial\beta}=\frac{1}{1-\gamma}\left(\frac{\beta}{1-\beta}\times\frac{1+\rho\sigma_2^2}{1+\rho\sigma_1^2}\right)^{\frac{1}{1-\gamma}}\frac{1}{(1-\beta)^2}\frac{1+\rho\sigma_2^2}{1+\rho\sigma_1^2}>0$ 时，$\varphi(\beta,\ \rho,\ \sigma_1,\ \sigma_2)$是变量 β 的增函数，即民用航空企业管理者(代理人)对安全投入的努力程度或相对激励程度随安全投入对民用航空企业管理者(代理人)收入的影响程度的提升而提升。所以只要政府(委托人)不断加大对安全投入的重视程度，民用航空企业管理者(代理人)对安全投入的努力程度就会持续提高。此外，由于激励程度会促进生产运营，降低对安全投入的意愿，因此，对于生产运营的激励应适当弱化。

当$\frac{\partial\varphi(\beta,\rho,\sigma_1,\sigma_2)}{\partial\beta}=\frac{1}{1-\gamma}\left(\frac{\beta}{1-\beta}\times\frac{1+\rho\sigma_2^2}{1+\rho\sigma_1^2}\right)^{\frac{1}{1-\gamma}}\frac{1}{(1-\beta)^2}\frac{1+\rho\sigma_2^2}{1+\rho\sigma_1^2}<0$时，民用航空企业管理者（代理人）对安全投入的努力程度或相对激励程度随安全投入对民用航空企业管理者（代理人）收入的影响程度的提升而降低。换言之，由于安全投入的努力程度难以度量，安全投入产出的影响因素复杂，降低了政府（委托人）对民用航空企业管理者（代理人）安全投入努力程度的激励。Holmstrom 和 Milgrom 的相关研究指出，委托人如果对易于量化或监督的任务施加过多的激励，就会引起代理人花费更多的精力在该任务上而忽视其他任务①。所以，民用航空安全投入评价体系的建立和完善有利于提高民用航空企业管理者（代理人）受激励程度，如“安全问题一票否决”就可以发挥突出的作用。

当$\frac{\partial\varphi(\beta,\rho,\sigma_1,\sigma_2)}{\partial\beta}=\frac{1}{1-\gamma}\left(\frac{\beta}{1-\beta}\times\frac{1+\rho\sigma_2^2}{1+\rho\sigma_1^2}\right)^{\frac{1}{1-\gamma}}\frac{1}{(1-\beta)^2}\frac{1+\rho\sigma_2^2}{1+\rho\sigma_1^2}=0$时，安全投入的激励程度与民用航空企业管理者（代理人）的绝对风险规避程度ρ呈负相关关系，当ρ越高时，民用航空企业管理者（代理人）在安全投入上受到的激励就越少。因此，应尽量选择风险规避度高（风险偏好）的代理人，一般年轻人相对于年长者的风险规避程度要高②。

五、本章小结

本章在分析分析安全的公共性、利益性的基础上，使用博弈论和委托—

① Homlstrom B，Milgrom R. Multitask Principal-agent Analyses：Incentive Contracts Asset Ownership and Job Design[J]. Journal of Economics and Organization，1991(7)：24-52.

② 袁江天，张维．多任务委托代理模型下国企经理激励问题研究[J]．管理科学学报，2006(6)：45-53.

代理理论分析安全投入机制的机理，提出完善民用航空企业安全投入的激励相容机制。

通过中央政府（民航局）与地方政府（地区管理局）、地方政府（地区管理局）与民用航空企业、民用航空企业与民用航空从业人员三组模型的博弈分析发现，中央政府（民航局）监察力度与地方政府（地区管理局）力度没有达到理论最优，无法实现对民用航空企业的有效监管，偏离了我国法律法规和民用航空规章制度规划的路径，民用航空企业安全投入的力度受地方政府（地区管理局）监管成本、安全投入不达标时受处罚力度、安全达标企业支付的劳动报酬、民用航空从业人员从安全不达标的民用航空企业离职的损失方面的影响。因此，可以从三方面进行改进：第一，加大中央政府（民航局）的监察力度，形成中央政府（民航局）与地方政府（地区管理局）利益共享的格局；第二，地方政府（地区管理局）加强对民用航空企业安全投入不合格的处罚，尽可能降低监管成本，压缩地方政府（地区管理局）与民用航空企业的博弈空间；第三，提高民用航空从业人员的准入标准，加强安全培训与安全教育，建立健全工会组织，提高民用航空一线员工参与安全投入决策的话语权。

民用航空安全投入激励是政府（委托人）促使民用航空企业加大安全投入的重要途径，单任务委托—代理模型的最优激励契约显示，民用航空企业管理者（代理人）安全投入努力受激励的程度 α 与 m、ρ 和 σ 三个变量呈负相关关系。m 为民用航空企业管理者（代理人）的努力成本系数，m 越高，单位努力投入 α 带来的成本就越大，导致民用航空企业管理者（代理人）努力意愿越小；ρ 为民用航空企业管理者（代理人）的绝对风险规避度，ρ 越小，代理的风险偏好越大，民用航空企业管理者（代理人）努力的意愿就越大；σ 为收入方差，由于安全投入受各种客观因素影响较大，同时安全投入的结果难以有效观测，收入方差不确定性越大，民用航空企业管理者努力的意愿就越低。多任务委托—代理模型最优激励相容条件下，民用航空企业管理者对于多重任务的相对努力强度和政府（委托人）的相对激励强度，是不同任务受重视程度的增函数，是民用航空企业管理者（代理人）绝对风险规避度的减函数，与不同任务的民用航空企业管理者（代理人）收入方差存在关联。因此，政府加大对安全投入的重视程度，适当弱化对民用航空生产运营的激励，民用航空企业管理者安全投入的努力程度和受激励程度都会相应提升；民用航空安全投入评价体系的建立健全，有助于提高民用航空企业经理受激励的程度；政府（委托人）在对民用航空企业管理者（代理人）的选拔中要注重对民用航空企业管理者（代理人）风险偏好的衡量和评价。

第五章　民用航空安全投入机制的优化研究

目前，我国民用航空安全生产与运行的状况良好，取得了突出的成绩。但是，安全始终是民用航空发生的重中之重，尤其是在我国民用航空极速发展的背景下，民用航空的安全必须常抓不懈，持续推进我国民用航空安全投入的长效机制。因此，本章从民用航空安全投入的角度出发，结合第三章对我国民用航空安全投入机制的分析、第四章从博弈论及委托—代理理论角度的经济学分析的结论，就我国民用航空安全投入机制的发展和完善，提出对策。

一、民用航空企业安全投入决策

民用航空企业是安全投入的主体，民用航空企业的管理者是民用航空企业安全投入的主要决策者，因此，民用航空企业管理者如何决策对于民用航空企业的安全投入具有十分重要的影响。决策[①]是根本既定目标，从多种可能的目标中选择最为满意的可行方案的过程。现代管理理论认为，管理的核心是经营，而经营的核心是决策。著名管理学家西蒙（Simon）指出“管理即决策”，表明管理中决策的重要意义。古今中外大量的事例说明，决策正确与否，对个人、集体乃至国计民生，都非常重要，小则关系到效率与效益，大则关系到事业成败与国家兴衰。当今世界性的难题是人口、资源、安全与环境问题，它既是人类“决策”失误的产物，又是寄希望于世界性的科学决策，带给人类一个光明的未来。

（一）民用航空安全投入决策的基本特征

安全决策[②]是指针对生产经营活动中的安全生产问题，根据既定的安全目标，相关的规章制度、标准及有关要求，运用安全科学的相关理论和有关分析评价方案综合分析，提出多种安全措施方案，经过论证从中选取最优方案并予以实施的过程。民用航空安全投入决策是民用航空企业管理者所作的诸多决策中的一项。安全投入决策是根据安全目标与安全法律法规、规章制度、标准及要求，运用安全科学、经济学、投资理论综合分析和评价方法，对安全问题进行分析和评判，提出各类安全投入的方案，经过论证从中选取最优方案并实施的过程。民用航空安全投入决策决定着民用航空安全投入的结构、时间、投入的强度等，对民用航空企业安全生产运营起到至关重要的作用。民用航空的安全投入决策具有其基本的特征，是建立在三个假设的基础之上。

① 周三多．管理学——原理与方法［M］．上海：复旦大学出版社，1997（4）．

② 何学秋．中国煤矿灾害防治理论与技术［M］．徐州：中国矿业大学出版社，2006.

1. “理性经济人”假设

“理性经济人”假设是经济学中的基础假设之一[①][②]。它假定人都是追求利益最大化的。现代经济理论与实践已经证明“理性经济人”不仅追求物质利益而且还追求包括社会、心理、感觉、安全、环境、生态等非物质需求的满足，呈现出利益多元化的趋势，并且随着经济水平和社会文明程度的提高[③]，非物质需求所占比重逐步增加。民用航空企业管理者作为“理性经济人”，有“偏好次序”，能够对具有不同重要性的经济活动按一定次序予以安排。但是，在实践中，不同民用航空企业“理性经济人”的“偏好次序”往往不尽相同。有些民用航空出于短期的、眼前的经济利益的考虑，往往会减少甚至取消民用航空安全投入。

2. “多多益善”假设

“多多益善”假设即消费品数量越多效用越大的假设。效用是指商品满足人的欲望的能力，或者说，效用是指消费者在消费商品时所感受到的满足程度[④]。将满意度设为 U，X_i 表示享受第 i 种消费品的数量，则效用函数为：

$$U=U(X_1, X_2, \cdots, X_i) \tag{5-1}$$

实践经验通常认为[⑤]，U（x）是 x 的单调增函数。用数学语言表示即效用函数对消费品数量的一阶偏导数大于零。对于只有一种消费品的情况，如果 $\Delta x>0$，则有 $U(x+\Delta x)>U(x)$。一般而言，安全投入与系统的安全度呈正相关关系。引入模糊性概念，可以认为安全性（安全度）与生产安全中的劳动、资金、技术投入量有关，投入量为零时，无安全可言或完全处于自然

① 张艳丽．“理性经济人”假设与新制度经济学［J］．重庆邮电学院学报，2005（5）：672-673.

② 王鹏举．对经济学基本假设的反思［J］．经济与管理，2003（7）：61-63.

③ 运筹学教材编写组．运筹学［M］．北京：清华大学出版社，1999. 1.

④ 谷源盛．运筹学［M］．重庆：重庆大学出版社，2001. 8.

⑤ 徐圣清．浅谈安全工作的效益［J］．中国职业安全卫生管理体系认证，2003（2）：60.

状态。投入量越大，安全度越高[①]。因此，从提高安全水平的角度上讲，安全投入数量越多越好，即“多多益善”。

3. 边际效用递减假设

边际效用递减规律是假定其他条件不变随着消费量的增加边际效用递减，直至递减到零。随着安全投入的逐步加大，安全投入对安全系统的贡献逐步下降，即安全投入的边际效用递减。U（x）的二阶导数小于0。某民用航空企业安全培训缺失、员工素质不高，导致安全生产基础薄弱。为了预防人因事故，该民用航空企业加大安全投入强度，加强安全培训教育，往往效果比较明显。但随着该项安全投入的持续加大，产生的边际安全效用却呈下降趋势。也就是说，进行安全投入时，并非安全投入越大，安全经济效益与社会效益就越大。规律表明，随着安全投入的增加，事故损失呈相对下降趋势，但根据边际效用递减理论，从经济效益角度看，安全投入数量并非越多越好，而是存在一个最佳安全投入量。当边际安全投入等于边际安全效用时，安全投入规模最合适。

从以上三个基本假设可以看出，要确保民用航空安全生产运营，必须进行相应的安全投入，而且安全投入在达到最合适的数量和规模时才能发挥最大的效用。不同民用航空企业在不同时期，安全投入的最佳数量和规模是不同的，应该根据民用航空企业自身的情况和各种环境与条件予以确定。由于不是每一个“理性经济人”都能时时刻刻保持“理性”，所以还必须通过法律法规等的强制性规定和有效的监督方能保证所有民用航空企业都能根据具体情况和相应的规定进行安全投入。由于民用航空企业自身的情况及其所处的社会、经济环境比较复杂，企业的生产经营活动也受诸多因素的影响不断

---

① 王端武．国家安全生产保障理论及其应用研究［D］．阜新：辽宁工程技术大学博士学位论文，2005.

变化，与此相应地，民用航空安全投入也是一项复杂活动。把握三个基本假设，有助于指导安全投入的实践活动。

（二）基于流变—突变理论的民用航空安全投入理性决策

安全是民用航空发展的头等大事，贯穿民用航空生产运营的始终，保证民用航空生产运营安全，就需要改进技术设备、进行人员培训等，需要相应的安全投入。但是，民用航空的安全投入受到民用航空企业自身客观条件的限制，能够用于安全投入的资金是有限的。如何将有限的投入发挥最大的效用，是民用航空企业应把握的问题，要求民用航空企业管理者准确掌握民用航空安全投入的重点、时机，优化民用航空安全投入结构，提高民用航空安全投入产出的效益。

安全流变—突变理论是由我国学者张力和何学秋①提出的，并初步建立了可量化的数学模型，解释安全演化的规律，可以应用于民用航空安全投入问题的研究中。

1. 民用航空安全投入效果的流变—突变过程与特征

（1）期初一次性安全投入效果的流变—突变特征。

如果一个民用航空企业在期初进行了生产性投入和按照“三同时”要求进行了期初必要的安全投入后，在某一较长时期，没有再进行安全投入。则该民用航空企业期初一次性安全投入的效果随着时间的推移会表现出“安全流变—突变”的特征。系统从开始运行时起，安全投入的效果就开始发生逐渐衰退的现象。在图 5-1 中横轴为时间轴，纵轴为安全投入效果的安全流变变形量轴，称为系统的不安全度。OA 段为不安全度减速增加阶段，这一阶

① 张力，何学秋．安全科学的“R-M”基本理论模型研究［J］．中国矿业大学学报，2001，30（5）：425-428.

段期初一次性安全投入的要素处于磨合期，系统的不安全度逐渐增加，磨合到一定程度达到 A 点，不安全度趋于平稳，进入不安全度稳定发展阶段，即 AB 段；超过 B 点系统的不安全度发展的速度明显快于 AB 段，BC 段为不安全度加速发展阶段；C 为安全突变的预警点，此时如果不采取相应的安全措施，系统将进入灾害的启动与发展阶段即 CD 段，D 为安全突变点，超过 D 点系统进入突变阶段[①]（见图 5-1）。

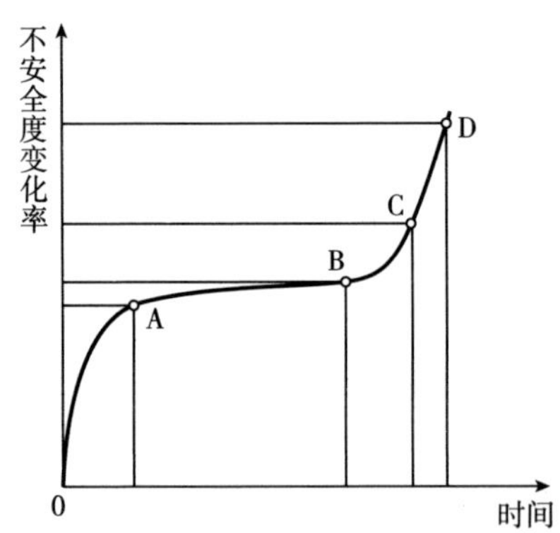

图 5-1　一次安全投入效果流变—突变

可见，民用航空企业生产系统一旦投入运行，安全投入的一系列生产要素便进入由安全状态向危险状态直至事故状态的孕育和发展阶段，从而形成向新的安全状态转化或系统崩溃的局面。根据安全投入效果而体现出的安全状态随时间的推移，可将安全投入效果的安全流变—突变过程分为安全流变阶段、安全突变阶段，其中安全流变阶段又分为不安全度减速增加阶段、不安全度稳定发展阶段、不安全度加速发展阶段和灾害的启动与发展阶段。

① 陈全君，何学秋．系统安全发展规律与安全投入决策的研究［M］．北京：中国矿业大学出版社，2006.

（2）后续安全投入效果的流变—突变过程与特征。

如果一个民用航空企业进行了期初必要的安全投入，经过一段时间后，又进行了后续的安全投入，则该后续安全投入的效果随着时间的推移也会表现出“安全流变—突变”的基本特征。图5-2中横轴仍为时间轴，纵轴仍为安全投入效果的安全流变变形量轴，即系统的不安全度。若该民用航空企业在E点时进行了第一次后续安全投入，由于后续安全投入的进行，原先期初安全投入效果的流变—突变过程发生了改变（由OD变为OI）。同样，经过了第一次后续安全投入的系统从开始运行时起，这次安全投入的效果就又开始发生逐渐衰退的现象。EF段为不安全度减速降低阶段，这一阶段第一次后续安全投入的效果逐渐发挥，系统的不安全度逐渐降低；到达F点时，不安全度趋于平稳，进入FG段，即不安全度稳定发展阶段；GH段为不安全度加速发展阶段；H为安全突变的预警点，此时如果不采取相应的安全措施，系统将进入灾害的启动与发展阶段即HI段，I为安全突变点，超过I点系统进入突变阶段。以此类推，若该民用航空企业在J点时又进行了第二次后续安全投入，则经过了第一次后续安全投入的系统的流变—突变过程又发生了改变（由OI变为ON），经过了第二次后续安全投入的系统的流变—突变过程如图5-2所示。JK段为不安全度减速降低阶段，这一阶段第二次后续安全投入的效果逐渐发挥，系统的不安全度逐渐降低；到达K点时，不安全度趋于平稳，进入KL段，即不安全度稳定发展阶段；LM段为不安全度加速发展阶段；M点为安全突变的预警点，此时如果不采取相应的安全措施，系统将进入灾害的启动与发展阶段即MN段，N点为安全突变点，超过N点系统进入突变阶段。

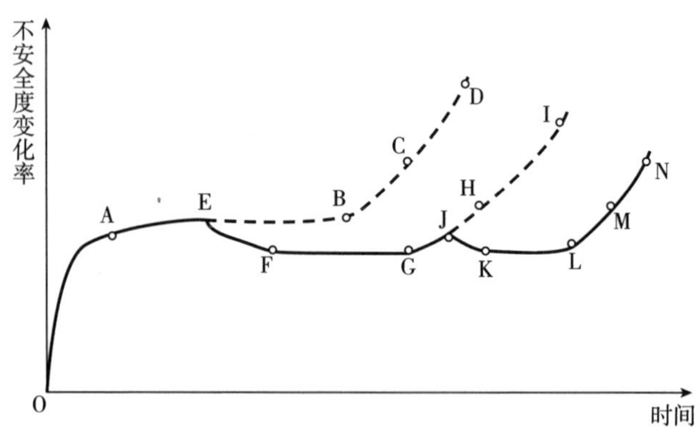

图 5-2　后续安全投入效果流变—突变

可见，若每一次后续安全投入都在系统安全流变阶段进行的话，每一次都能延长系统安全流变阶段的时限。所以安全投入应该是持续的、不断进行的，不能靠期初一次性安全投入解决。而且后续安全投入可以选择在最佳时段即不安全度加速发展阶段进行如图 5-2 中的 BC 段、GH 段、LM 段，最晚不能超过安全突变的预警点 C 点、H 点、M 点，这样才能使系统的安全流变阶段能够尽量延长，从而最大限度地发挥所有安全投入的效用。

2. 民用航空安全投入的流变—突变理论模型

设民用航空安全投入中，系统的不安全度或危险度（Us）是系统的寿命极限（A）、双重流变因素（M）、外部约束因素（α）及时间（t）的函数，即：

$$U_s = U_s(A, M, \alpha, t) \tag{5-2}$$

其中，A 为系统的寿命极限，量纲是时间单位。对系统的安全投入而言，它是由系统的结构（A_1）、组成（A_2）及系统的老化规律（f）所决定的，即 $A = A(A_1, A_2, f)$。

M 为双重流变因素，无量纲。它取决于系统自身的老化规律和外部环境

的影响，M 是反映系统在具体外部环境条件下老化特征的参数，即 $M=M(f, \alpha)$；α 为系统外部环境的约束因素，无量纲，它反映了系统外部环境。t 为系统从诞生开始所经历的时间。

此外，函数 $U_s=U_s(A, M, \alpha, t)$ 应满足如下条件：

$$U_s=U_s(A, M, \alpha, t)\mid_{t=0}=0$$

$$U_s=U_s(A, M, \alpha, t)\mid_{t=A}=\infty$$

$$\frac{\partial^2 U_s}{\partial t^2}\begin{cases}<0, & 0<t<B\\ =0, & t=B\\ >0, & B<t<A\end{cases} \tag{5-3}$$

满足以上条件的安全流变数学模型为：

$$U_s=U_s(A, M, \alpha, t)=\frac{1}{\alpha}\ln\left[\frac{A+Mt}{A-t}\right] \tag{5-4}$$

对时间 t 求二阶导数：

$$\frac{\partial^2 U_s}{\partial t^2}=\frac{1}{\alpha}\left[\frac{A^2+\left(\frac{1}{M^2}-1\right)+2A\left(\frac{1}{M}+1\right)t}{(A-t)^2\left(\frac{A}{M}+t\right)^2}\right] \tag{5-5}$$

此时，

$$B=\frac{A(M-1)}{2M} \tag{5-6}$$

式(5-5)描述了民用航空企业安全投入的安全流变过程。期初进行一次性安全投入后，后续安全投入的最佳时点为 $B=\frac{A(M-1)}{2M}$，最佳时点取决于系统寿命极限和系统自身的老化规律和外部环境的影响。通过加大民用航空企业安全投入来施加外部环境的影响。一方面可以增加系统的协调度，减少系统内部摩擦；另一方面可以改变系统老化速度，延长系统寿命极限。

二、民用航空企业安全投入对策

（一）树立民用航空企业安全投入的正确观念

对于安全投入机制的理论研究表明，一般来说，民用航空企业经验管理水平越高，对安全投入与经济效益间的关系认识越深入，安全投入的效果越好，因此，民用航空企业需要树立安全投入的长效机制，遵守安全生产及安全投入的各项规章制度，严格落实安全投入责任制，做好安全投入资金的筹集工作，将安全投入纳入企业经营管理中去，并且健全民用航空企业现代企业管理体制，完善公司内部治理结构，提高管理者的素质，将安全投入机制固化，避免因管理层的变动，影响安全投入工作的进行。

（二）明确民用航空企业安全投入的最佳时点

基于流变—突变的民用航空安全投入分析结果，民用航空安全投入的效果随着时间的推移也会表现出“安全流变—突变”的特征，因此将民用航空企业的安全投入分为期初一次性安全投入效果和后续安全投入效果两个阶段分析，其中安全流变阶段又分为不安全度减速增加阶段、不安全度稳定发展阶段、不安全度加速发展阶段和灾害的启动与发展阶段。民用航空企业安全投入应该是持续不断进行的，不能仅靠期初一次性安全投入解决，而且后续安全投入应该选择在最佳时段即不安全度加速发展阶段进行，最晚不能超过安全突变的预警点，才能保证系统的安全流变阶段能够尽量延长，发挥所有

安全投入最大的效用。根据安全投入的流变—突变理论模型，推导出期初一次性安全投入后第一次后续安全投入的最佳时点。

（三）提升民用航空从业人员的准入标准

有关民用航空企业与民用航空从业人员的博弈研究表明，民用航空从业人员的素质越高，就越偏好安全而不是劳动报酬，民用航空企业对于安全投入的动力就相应增大。因此，提高民用航空从业人员的准入标准，有助于减少劳动报酬偏好非安全偏好的员工数量，使安全不达标的民用航空企业的招聘成本及生产闲置成本增加，从而增强民用航空企业安全投入的动力。同时，通过安全培训提高民用航空从业人员的安全操作意识，及对不安全生产的危险意识，掌握科学的安全生产技术规范。

（四）提高民用航空从业人员对安全投入的参与

在民用航空安全投入中，政府（民航局和地区管理局）、民用航空企业都是博弈的一方，扮演着重要的角色，而作为重要利益相关者的民用航空从业人员，在安全投入的博弈中并没有真正参与。作为与安全生产息息相关的一线员工，在安全投入中的话语权极小，难以表达真正的需求。因此，想要切实提高民用航空从业人员对于安全投入的参与程度，提高其地位，就需要从制度的层面进行保证。首先，需要完善工伤保险等保险制度，从根本上保证民用航空从业人员的切身利益。其次，提高民用航空从业人员的否决权。提高民用航空从业人员的话语权需要建立健全工会组织。让真正代表民用航空从业人员的工会参与到民用航空企业的安全投入管理中，伸张民用航空从业人员的权利。

三、民用航空政府安全投入对策

（一）健全民用航空安全监督体制

相关研究表明，安全监督主体的独立性与安全投入效果正相关，安全监督主体的独立性越好安全投入的效果越好。从我国民用航空安全监管发展的历程来看，加强安全监督体制的健全，尤其是安全监督主体独立性的强化，对于民用航空安全生产与运行有显著的作用。目前，我国民用航空行业中民航局、地区管理局和地方安全监管办公室三级监管的政府安全监督系统的建立取得了显著的效果，在此基础上，政府需要进一步完善民用航空安全监管的各项法律、法规、政策、制度，切实落实到位，充分发挥政府安全投入的引导作用，形成“社会参与、政府引导、企业主导”的多元化安全投入体系。

（二）加大中央政府（民航局）的监察力度

前文对于民用航空安全投入机制的博弈研究发现，中央政府（民航局）与地方政府（地区监管局）博弈双方并没有获得各自的效用最大化，分析其主要原因，是由于中央政府（民航局）与地方政府（地区管理局）之间的利益需求不同。现阶段，由于机场的属地化管理等原因，民用航空企业会给地方政府带来巨大的财政收入，带动地方经济的发展，促进地方就业。因此，应促进中央政府（民航局）与地方政府（地区管理局）就安全投入问题达成共识。

（三）加大地方政府（地区管理局）的监管力度

前文对于民用航空安全投入的博弈研究发现，地方政府（地区管理局）与民用航空企业间存在监管关系，当地方政府（地区管理局）对于民用航空企业的处罚力度较大时会促进民用航空企业安全投入的积极性，同时，地方政府（地区管理局）的监管成本与民用航空企业安全投入负相关，监管成本高，则民用航空企业安全投入积极性低。因此，地方政府（地区管理局）加强对民用航空监管，切实落实相关安全生产运行的规章制度，对于违反规定的行为，采取从重的处罚标准，通过这种负激励的方式，推动民用航空企业进行安全投入。同时，地方政府（地区管理局）还需要寻求最佳的监管力度，降低监管成本，避免监管成本全部转移到民用航空企业，采取多种监管措施，合理配置资源，提高监管效率。

（四）建立民用航空安全投入激励相容机制

前文对于民用航空安全投入机制的单任务及多任务委托—代理模式表明，民用航空企业代理人安全投入意愿受激励程度与代理人努力成本系数、绝对风险规避度等因素间存在内在联系，因此，政府有必要建立有针对性的民用航空安全投入机制和激励机制。政府和民用航空企业是一种委托—代理关系，因此可以建立委托—代理双方的激励相容机制，对于政府来说，需要加大对安全投入的重视，弱化对于生产运行的激励，民用航空企业管理者对于安全投入的努力程度和受激励程度都会相应提高。对于民用航空企业管理者来说，完善的安全投入评价体系会提高激励程度，同时，在选拔民用航空企业管理者时，需要特别注意对于风险偏好的衡量和评价。

此外，社会同样是民用航空安全投入的重要利益相关者，社会中的相关组织、保险机构、媒体和公众等都应参与到民用航空安全投入机制中，保险机构应提供相应的保险服务，拓宽安全投入资金渠道；社会媒体和公众加强对民用航空企业的监督，通过舆论保证民用航空企业安全投入的落实，促进民用航空安全投入机制的有效运行。

四、本章小结

本章基于前文的研究从民用航空企业、政府两个层面分析了安全投入的对策。首先，通过梳理民用航空安全投入决策的基本特征，引入流变—突变模型，推导出民用航空企业安全投入的时机，继而结合前文研究的成果，提出安全投入机制中民用航空企业的对策，然后，在前文研究的基础上，进一步明确政府在民用航空安全投入机制中的角色，提出民用航空安全投入机制中政府的对策。

第六章　民用航空安全投入机制的再讨论

民用航空安全投入的决策是一个复杂的过程，前文讨论了关于安全投入机制的理性决策，以及激励民用航空企业保证安全投入的措施。但显然，对于安全投入的决策是一个复杂的过程，除受到各种政策、企业管理层的影响外，还可能受到行业内其他民用航空企业安全投入决策的影响。安全投入的决策最终是由决策者（一个人或一群人）决定的，因此决策者是影响民用航空安全投入的重要因素。

决策是企业管理中一种常见的行为，对于企业决策来说，企业决策者会无意识地模仿其他企业决策者的行为，或者将自己的决策行为感染其他企业决策者。这类企业决策行为的传染会在不同企业间扩散吗？答案是肯定的。

一、行为传染视角的民用航空安全投入决策

（一）行为传染的理论基础

人类的各种行为均在社会网络中发生，受到社会活动的各种影响，企业决策也不可避免地受到社会网络各要素的影响，行为传染随处可见。“近朱者赤，近墨者黑”就十分精准地反映了行为传染的现象。在西方，Gustave Le Bon（1897）[①] 在《乌合之众》一书中首次指出了行为传染效应的存在，认为群体中的情绪和行为均具备传染性。Wheeler（1966）[②] 定义了行为传染，指出行为传染是接受者行为变得更像发起者行为的过程，在行为传染的过程中，发起者并没有故意地沟通、引发或者激起接受者的行为改变。国内学者将行为传染定义为不考虑内外部因素影响下，发起人行为引发交互作用人的行为同质化的过程（王世龙，2016）[③]。

行为传染的概念诞生以来，学者在心理学、社会学、人类学、生物学、经济学等领域进行了研究，在创新、谣言的传播、罢工、暴动以及迁徙等行为方面取得了显著的成果，也证实了行为传染在社会网络中确实存在。企业作为社会网络中重要的组成部分，彼此间存在复杂的联系，如行业交流、人员流动、地域关系和企业技术信息的交流，因此，企业间的行为传染普遍存

① Le Bon G. The Crowd：A Study of the Popular Mind［M］. London：Macmillian，1897.

② Wheeler L. Toward a Theory of Behavioral Contagion［J］. Psychological Review，1966，73（2）：179-192.

③ 王世龙．社会网络中的行为传染研究述评［J］．人民论坛，2016，8（54）：164-166.

在。企业间的行为传染可以分为经营决策的传染，管理行为的传染、财务行为的传染和生产行为的传染等。

就现代企业而言，对企业行为有决定性作用的是企业管理层，企业行为基本上可以看作企业管理层意志的体现，因此企业间行为的传染是企业管理层行为传染的体现。已有研究表明，模仿具有信息优势的企业，以保持企业的竞争优势，是企业模仿的动机。根据 Lieberman 和 Asaba（2006）① 对上市公司的研究，企业的行为传染多存在于同一行业内。

企业决策行为的传染多与财务行为相关，究其原因，主要在于财务行为能够最快显示信息资源的价值，并获得相应的价值，因此，当一家企业发现其他企业因此获利时，也会寻求获利而产生行为模仿。支晓强等（2014）② 的研究发现，股权激励制度在企业间形成行为传染，企业会学习其他企业，特别是同行业或同地区的企业。当然，企业间的行为传染不是凭空发生的，必须通过一定的中介才可以完成。不同的中介可能影响行为传染的效果和效率。传染行为的中介有显性和隐性两类，显性中介顾名思义，即可以通过公开的信息活动获得，如企业财报、网站等渠道进行的公开的信息披露；隐性中介与显性中介相对，难以从公开渠道获取，而是通过内部沟通或者企业人员的交流进行。相对显性中介，通过隐性中介进行的行为传染通常能够获得更大的经济利益，因此通过隐性中介进行的行为传染更应得到重视。

企业是社会网络的重要构成，企业间的社会联系不仅通过经济活动相连，也通过人的交流实现。Fracassi（2017）③ 对社会网络中企业财务决策的

① Lieberman M B, Asaba S. Why do Firms Imitate Each Other? [J] . Academy of Management Review, 2006, 31 (2): 366-385.

② 支晓强，孙健，王永妍，王柏平．高管权力、行业竞争对股权激励方案模仿行为的影响 [J] . 中国软科学，2014 (4): 111-125.

③ Fracassi C. Corporate Finance Policies and Social Networks [J] . Management Science, 2017, 63 (8): 2420-2438.

外部性进行研究时发现，企业间共享的社会关系越多就越会产生行为传染，尤其是投资行为表现更加突出，企业间的共享关系主要是通过高管和董事的任职经历、教育经历以及其他社会活动联系的。陈仕华和卢昌崇（2013）①的研究发现企业并购溢价决策的相似性在同行企业中更加显著。赵颖（2016）② 的研究发现高管薪酬在同一区域内更具有相似性。田高良等（2017）③ 研究避税行为的传染效应时发现连锁董事间的信息渠道时传染的重要媒介。周晓苏等（2017）④ 研究发现通过高管联系的媒介，企业间的汇集政策存在传染行为。陈仕华、马超（2011）⑤ 对企业慈善捐赠行为，陆蓉等（2018）⑥ 对企业资本决策行为等方面的研究，也发现了高管间联系的这一传染媒介。由此可见，企业决策行为的传染在诸多研究中被证实存在，并且多存在于同一地区或行业内部，通过企业高管间社会联系的媒介进行传染。

（二）民用航空企业安全投入违规行为决策传染分析

在第四章，我们已经对民用航空安全投入进行了委托—代理分析，民用航空企业均会追求自身利益并将效用最大化。具体到民用航空企业安全投入问题，基于前文对民用航空企业安全投入决策的分析，有些民用航空出于短

---

① 陈仕华，卢昌崇．企业间高管联结与并购溢价决策——基于组织间模仿理论的实证研究［J］．管理世界，2013（5）：144-156.

② 赵颖．中国上市公司高管薪酬的同群效应分析［J］．中国工业经济，2016（2）：114-129.

③ 田高良，李星，司毅，张睿．基于连锁董事视角的税收规避行为传染效应研究［J］．管理科学，2017（4）：48-62.

④ 周晓苏，王磊，陈沉．企业间高管联结与会计信息可比性——基于组织间模仿行为的实证研究［J］．南开管理评论，2017（3）：100-112.

⑤ 陈仕华，马超．企业间高管联结与慈善行为一致性——基于汶川地震后中国上市公司捐款的实证研究［J］．管理世界，2011（12）：87-95.

⑥ 陆蓉，常维．近墨者黑：上市公司违规行为的“同群效应”［J］．金融研究，2018（8）：172-189.

期的、眼前的经济利益的考虑，往往会减少甚至取消民用航空安全投入。民用航空企业管理层采取的此类有违民用航空行业监管的机会主义行为是由于企业内外部的治理机制失灵引起的，本质上是代理问题的体现。中央政府、地方政府和民用航空企业间已经构建起一套民用航空安全投入管理机制，但民用航空企业在安全投入问题上的违规行为并未完全消失，根据现有研究，其原因是企业管理层对个人利益追求，如追求更显著的企业业绩以获得晋升等①。

舞弊三角理论②也可以解释民用航空企业管理层在安全投入决策上的违规行为。舞弊三角理论认为，压力、机会以及合理化造成了企业的违规行为，其中，压力是指摆脱经营或财务困境的动机；机会是指企业内外部环境中存在的，并且能够使违规行为不被发现的管理漏洞；合理化是指对违规行为的合理化借口。因此，民用航空企业安全投入决策的违规行为可以解释为，企业管理层在经营或财务困境的动机指导下，利用企业内外部环境中的管理漏洞，开展违规行为，并将其合理化为对企业本身的有利行为。

在明晰民用航空企业管理层在安全投入决策上的违规决策的动机后，本书进一步探讨民用航空企业安全投入的违规行为是如何传染的。由前文研究得知，若群体内存在违规行为则可以通过模仿或学习产生行为传染③。社会影响理论认为，“理性经济人”驱动一部分社会网络中的传染行为，剩余的部分可能受到心理因素的驱动④。当民用航空企业的管理者发现其他民用航

① Haβ L H, Müller M A, Vergauwe S. Tournament Incentives and Corporate Fraud [J]. Journal of Corporate Finance, 2015, 34: 251-267.

② Cressey D R. The Criminal Violation of Financial Trust [J]. American Sociological Review, 1950, 15 (6): 738-743.

③ Chiu P C, Teoh S H, Feng T. Board Interlocks and Earnings Management Contagion [J]. The Accounting Review, 2013, 88 (3): 915-944.

④ Bikhchandani, S. D. Hirshleifer, I. Welch. A Theory of Fads, Fashion, Custom, and Cultural-change as Informational Cascades [J]. Journal of Political Economy, 1992, 100 (5): 992-1026.

空企业的管理者通过减少安全投入等违规行为获得巨大的短期利益后，可能获得更大的感知收益，从而产生不自主的模仿，即行为传染。

使用 Correia（2009）[①] 提出的“企业违规成本与收益分析”方法对民用航空企业安全投入的违规行为加以分析。设民用航空企业安全投入违规行为可获得额外得收益为 EA，违规行为避免企业损失后企业管理层收入损失为 AL，则民用航空企业安全投入违规行为的收益可以记作 $B=EA+AL$。设 PC 为民用航空企业安全投入违规行为被发现后遭到监管处罚的成本，ρ 为违规行为被监管处罚的概率[②]，CC 为民用航空企业实施安全投入违规行为的间接成本，则民用航空企业安全投入的违规成本为 $C=\rho\times PC+CC$。设民用航空安全投入违规行为的动机为 M，则 $M=B-C$，当 $M>0$ 时，民用航空企业就会倾向于违规。这也表明，虽然在民用航空安全投入的机制里具有监管环节，但当监管的处罚力度不够时，对民用航空企业安全投入违规行为的约束是有限的，当某个民用航空企业发现行业内其他民用航空企业采取了安全投入违规行为，并且没有受到监管处罚，就会降低其对违规行为被监管处罚概率的估计，企业会认为安全投入的违规行为会带来更高的收益，违规的倾向增强。

显然地，既然是违规行为，不可能通过正式公开的渠道进行传染，个体通过观察其他民用航空企业安全投入上的违规行为就只能通过隐性媒介进行。民用航空具有行业特殊性，因此民用航空企业管理者绝大多数在行业内部选拔和流动，这些管理者多具有长期的民航航空从业经验，任职经历涉及多家民用航空企业。此外民用航空行业内交流频繁，民用航空企业管理者通

---

① Correia M M. Political Connections, SEC Enforcement and Accounting Quality［J］. SSRN Working Paper, 2009.

② Sah R K. Social Osmosis and Patterns of Crime［J］. Journal of Political Economy, 1991, 99 (6): 1272-1295.

过各类联盟、协会等，形成了错综复杂的社会网络。民用航空管理者对于民用航空行业内的管理机制、民用航空企业管理中的灰色地带等十分熟悉，通过社会网络，各民用航空企业管理者可以观察到其他民用航空企业在安全投入上隐匿的违规行为，甚至民用航空企业管理者的社会网络中的信息渠道还可以为缺少违规经验的企业提供所谓的经验，便于模仿、学习的同时，也降低了民用航空企业在安全投入上违规行为的间接成本，违规行为传染更容易发生。

从行为传染的视角出发，民用航空企业安全投入违规行为决策有了新的经验。在安全投入的管理上，除建立行之有效的民用航空安全投入机制外，加强民用航空安全投入监管、遏制民用航空企业安全投入的违规行为，同时，基于行为传染视角的研究经验，在遴选民用航空企业高级管理者，构建行业间的社会网络时也要特别注意违规行为传染的可能。第一，民用航空安全监管部门在稽查民用航空企业安全投入违规行为的同时，需要特别注意与发生安全投入违规行为的民用航空企业有较多关联的其他企业，特别是曾经有过在其他方面违规行为的民用航空企业。第二，对于多次发生安全投入违规行为的民用航空企业，其潜在的收益可能高于其在安全投入上违规的成本，因此，应对其加大监管处罚的力度，杜绝其成为其他民用航空企业学习和模仿的“榜样”。第三，加强公开渠道的信息披露，在民用航空行业内公布安全投入违规企业名单及处罚信息，加大违规行为的成本，影响风清气正的行业环境。第四，在遴选民用航空企业高级管理者时，应关注高级管理者的任职经历，通过遴选具有优秀治理水平企业任职经历的管理者，形成更加优秀、传播正能量的民用航空企业高级管理者社会网络。

二、行为经济学视角的民用航空安全投入决策

（一）行为经济学的理论基础

经济学理论中的理性经济人假设将个体设定为实现自身利益最大化的理性人，事实上，个体并不能做到时刻保持理性，因此很多经济现象中的个人决策行为不能得到充分解释。基于此，行为经济学将行为学和心理学的相关理论纳入经济学的研究框架，提出有限理性人假设，用以补充单纯运用经济学理论研究经济现象的不足。有限理性人在进行决策时，会受到年龄、性别、受教育程度、心理因素等非物质和非经济动机的影响，做出非理性行为，传统经济学难以解释的经济现象得到解释，特别是科学地解释了个体决策选择行为。

1. 前景理论

Kahneman D 和 Tversky A （1984）① 研究个体在未知风险下的决策行为，通过大量的实验，验证了个体的风险偏好会影响个体的决策，一般来说，预期的收益大于损失时，个体会选择风险规避，反之，则会选择风险追求的决策模式。此外，个体的风险偏好受到个体特征的影响，即个体会设定自己的风险参照点，因此，不同个体的决策行为也不同。基于此，个体在不同的风险预期下，行为模式有其规律性，这也解释了传统经济学无法解释的个体决

① Kahneman D, Tversky A. Choices, Values, and Frames ［J］. American Psychologist Association, 1984, 39 (4): 431-450.

策问题。

根据前景理论，个体决策可以分为两个阶段，即编辑和评价。个体根据获取的信息和自身效用设定风险参照值是编辑阶段。个体根据风险参照值对决策方案的前景进行估计，并最终确定前景值最高的决策方案是评价阶段。

风险厌恶属于前景理论的一个分支，当个体在进行决策时，已经处于收益的状态，如果对某项活动的风险估计为损失时，就会采取规避风险的决策。个体在风险厌恶的心理状态下，决策准则以避免损失为原则，安全第一，因此，个体的决策趋向于保守。

2. 后悔理论

后悔是一种个体预期另一种决策的结果更好时出现的沮丧、痛苦，甚至是负罪感的心理[①]。决策中后悔心理的影响主要在两个方面：一是个体基于自身经验，尽可能规避令自己后悔的决策；二是由于决策结果不能达到预期产生的后悔心理，即预期后悔。

后悔理论由 Loomes 和 Sugden （1982）[②] 及 Bell （1982）[③] 提出，用来解释不确定情况下的决策行为，其基本内容为：个体在决策过程中对比各种决策方案，若其他方案与决策方案相比预期结果更好，则会产生后悔心理，为了避免出现后悔心理，个体倾向于在进行决策前尽可能充分考虑所有决策可能，因此，个体会将后悔心理纳入自身的效用函数中，在进行决策时选择不易后悔的决策方案。后悔理论也解释了非理性决策行为。

---

① Zeelenberg M, Beattie J. Consequences of Regret Aversion 2: Additional Evidence for Effects of Feedback on Decision Making ［J］. Organizational Behavior and Human Decision Processes, 1997, 72 (1): 63-78.

② Loomes G, Sugden R. Regret Theory: An Alternative Theory of Rational Choice under Uncertainty ［J］. The Economic Journal, 1982, 92 (368): 805-824.

③ Bell D E. Regret in Decision Making under Uncertainty ［J］. Operations Research, 1982, 30 (5): 961-981.

（二）管理者心理特质对民用航空企业安全投入决策的影响

根据行为经济学理论，民用航空企业安全投入决策由企业管理者主导，受到管理者心理因素的影响。Hosseini（2005）[①] 指出个体的性别、年龄、心理因素等特征影响投入决策。决策是一个复杂的不确定的过程，心理因素某种意义可以被认为是决定决策的先决条件，对决策行为的影响巨大。民用航空企业安全投入的主要目的是通过提高从业人员素质，提高安全科学技术和安全管理水平，达到减少和控制人的不安全行为、物的不安全状态，实现安全生产的终极目标，对于企业的安全生产与运营意义重大，因此，民用航空企业管理者在安全投入决策上的风险偏好应该是风险厌恶。Perrino（2005）[②] 进一步研究发现，个体处于风险厌恶阶段时，更倾向于低风险决策，而不是高风险决策。虽然民用航空领域的安全投入具有滞后性、隐蔽性的特殊性，但民用航空领域事故的发生率和损失情况对企业经济效益水平有严重影响。民用航空企业管理者受到经济效益的激励，产生风险厌恶心理，更倾向于做出保守、谨慎的安全投入决策[③]。Sauner Leroy（2004）[④] 的研究证实，进行不确定决策时，投资水平与风险厌恶呈显著负相关关系，个体倾向于规避风险的决策，减少投资以避免损失，更有利于安全投入。综上所述，风险厌恶促进安全投入行为，民用航空企业管理者会通过安全投入保障企业安全运营，规避事故和损失。

---

① Hosseini H. An Economic Theory of FDI：A Behavioral Economics and Historical Approach［J］. The Journal of Socio-Economics，2005，34（4）：528-541.

② Perrino K A. Top Team Environment and Performance Effects on Strategic Planning Formality［J］. Goup and Organization Management，2005（2）：125-141.

③ Ross S A. Compensation，incentives，and the Duality of Risk Aversion and Riskiness［J］. The Journal of Finance，2004，59（1）：207-225.

④ Sauner Leroy J B. Managers and Productive Investment Decisions：The Impact of Uncertainty and Risk Aversion［J］. Journal of Small Business Management，2004，42（1）：1-18.

后悔心理对民用航空企业管理者的决策也具有相应的影响。决策时有多种方案，若最终选择的方案最终结果不如其他方案时，后悔心理产生①。个体在决策过程中，对某种决策选择可能结果产生后悔心理，即预期后悔，所以，当个体决策有多种决策选择时，会通过各种可能的方法降低预期后悔，实现损失最小化②。此外，预期后悔影响个体风险厌恶的倾向，一般来说，预期后悔和风险厌恶呈正相关关系，即预期后悔损失越大，风险厌恶程度越高，决策选择也随之调整，尽可能避免损失的出现。Somasundaram 和 Diecidue（2017）③ 的研究发现，个体厌恶后悔心理与风险偏好水平呈负相关关系。当个体进行风险决策时，风险偏好越高，厌恶后悔心理程度越低，投资行为更加冒险，投资收益更具有风险性。对民用航空企业来说，为保证安全运营水平，管理层进行决策时，参考民用航空企业过去的安全投入水平及事故发生率等实际情况，形成对现有民用航空企业安全生产水平的预期。管理层在进行安全投入决策时，会参考预期，为避免产生预期后悔，管理会通过加大安全投入力度，合理配置资源等进一步重视安全投入。因此，民用航空企业管理者的后悔心理对于民用航空企业安全投入有正向的积极作用。

综上所述，民用航空企业管理者的风险厌恶心理和后悔心理会促使其更加重视安全，重视安全投入。

① Mellers B A, Schwartz A, Ritov I. Emotion-based Choice ［J］. Journal of Experimental Psychology, 1999, 128 (9): 332-345.

② Zeelenberg M. Anticipated Regret, Expected Feedback and Behavioral Decision Making ［J］. Journal of Behavioral Decision Making, 1999, 12 (2): 93-106.

③ Somasundaram J, Diecidue E. Regret Theory and Risk Attitudes ［J］. Journal of Risk and Uncertainty, 2017, 55 (2-3): 147-175.

三、领导者个人特质视角的民用航空安全投入决策

（一）领导者个人特质的理论基础

个人特质是指心理特征和背景特征，心理特征包含情绪、认知、价值观等，背景特征包括年龄、性别、职业经历、学历背景等。背景特征相对心理特征更加稳定、可靠，也更容易掌握，在大多数涉及领导者背景特征的研究中，多选取年龄、学历、职业经历等要素。

高层梯队理论是研究领导者特质的理论基础，由 Hambrick 和 Mason (1984)① 首次提出，该理论认为：在复杂环境下，领导者的年龄、经验、性格等个人特质影响领导者决策。高层梯队理论以高层领导者的背景特征为切入点，研究高层管理者的个人特征如何影响决策，确定了个人特质对高层领导者认知的重要影响。领导者决策并不是完全理性的，由于领导者个人认知的局限，通常情况下领导者会更关注自己熟悉的领域，忽略不熟悉的领域。因此，不同领导者由于自身人格特质的不同，熟悉的领域不同，决策时考虑的侧重点不同，导致最终的决策选择也不尽相同。因此，领导者的年龄、学历、职业经历等个人特质会影响其决策选择，从而影响企业的发展。

以往的大量研究表明，对领导者决策行为影响最大的个人特质是教育经历和职业经历，教育背景在一定程度上表明个体的知识水平，影响个体价值

① Hambrick D C, Mason P A. Upper Echelons: The Organization as A Reflection of Its Top Managers [J]. Social Science Electronic Publishing, 1984, 9 (2): 193-206.

观和认知方式。职业经历是将知识付诸实践的阶段，在此阶段的经历也反作用于认知方式，对决策产生影响，这也与前文在行为传染中的论述相互印证。

（二）领导者个人特质对民用航空企业安全投入决策的影响

民用航空企业领导者是民用航空企业安全投入决策的关键，领导者个人特质对民用航空企业安全投入决策具有重要影响，从年龄、学历、职业经历方面一一阐述。

领导者年龄与民用航空企业安全投入呈负相关关系。年龄意味着工作经验，一般来说，年龄较大的领导者工作经验也更加丰富，由于民用航空行业的特殊性，民用航空企业的领导者多在行业内流动，积累丰富的民用航空行业经验的同时，也建立了深厚的人际关系，这些因素有利于民用航空企业的发展，但正如前文阐述，也会为民用航空企业安全投入决策违规行为传染提供渠道，造成民用航空企业安全投入违规行为的扩散。同时年龄较大的领导者在管理方式、风险偏好、价值观更为保守，在进行安全投入决策时也相对保守。另外，年长的领导者学习能力和认知能力均有下降，不容易接受新事物、新理念，而不愿意进行如安全心理等方面的安全投入。此外，由于安全投入的滞后性和隐蔽性，年长的领导者可能在安全投入产生安全绩效前就已经退休，这时年长的民用航空企业领导者可能会减少民用航空企业安全投入，转而增加较快产生明显经济效益的事项，反而较为年轻的民用航空企业领导者，在行业内的职业生涯还长，为了保持完美的履历，更加关注民用航空企业的长期发展，愿意在不马上见效的民用航空安全投入中投入更多的人力物力。

领导者学历与民用航空企业安全投入呈正相关关系。受教育程度标志着领导者的知识水平和技能水平，一般来说，学历更高的领导收集处理信息并进行决策方面更具优势，对复杂环境的适应能力也更强。学历不仅代表已有的知识，而且说明领导者的学习能力及创新能力更强。马亮①对煤炭企业安全生产问题的研究表明，企业管理者综合水平的高低，对企业安全生产的科学规划具有重要影响。同理，民用航空企业也是如此，领导者学历更高，则能更科学、深入地理解安全投入的重要性，了解民用航空行业安全生产的现状，在复杂环境中高效收集整合信息，准确找到安全投入的合理水平和结构，做出最有利于民用航空企业发展的决策。

领导者职业经历与民用航空企业安全投入呈正相关关系。Hambrick 和 Mason 的研究认为职业经历影响领导处理信息及决策方式。领导者在其职业经历中形成了自己独有的工作方式和处理问题的方法，在职业中曾经遇到类似问题时，领导者更倾向于采取类似的决策。因此，民用航空领导者在其职业经历中的企业经历过成功的安全投入违规行为，由于“成功的经验”，很可能会在其以后的职业经历中再次作为违规的决策，这也印证了前文民用航空安全投入决违规行为决策中要特别关注有过在违规企业任职经历的高级领导者这一结论。Waller 和 Glick （1995）② 对高级管理者的研究发现，高级管理者更关注自己有个任职经历的领域，如具有销售职业经历的高级管理者更关注企业的销售状况等。同理，有过安全生产、民用航空行业安全监察相关职业经历的民用航空企业高级管理者，更理解安全投入对于民用航空企业的重要程度，了解民用航空安全投入的平衡点和安全投入结构，会更加关注民用航空企业的安全投入。

① 马亮．煤炭企业实现安全生产的有效办法研究［J］．新型工业化，2019，9（12）：122-125.

② Waller M J，Glick W H. Functional Background as A Determinant of Executives' Selective Perception［J］. Academy of Management Journal，1995，38（4）：943-974.

四、本章小结

本章从行为传染、行为经济学及领导者个人特质三个视角进一步分析了民用航空企业安全投入决策，为民用航空企业安全投入决策行为的研究提供了新的研究视角。首先，从行为传染的视角论述了行为传染的动机及传染媒介，提出了规避民用航空企业安全投入违规行为决策的建议；其次，从行为经济学论述了管理者心理特质，即风险厌恶和后悔心理对民用航空企业安全投入决策的影响，指出民用航空企业管理者的风险厌恶心理和后悔心理会促进安全投入；最后，从领导者个人特质视角论述了民用航空管理者年龄、学历、职业经历对安全投入决策行为的影响，指出年龄较轻、学历较高、具有民用航空行业安全生产或安全监察等相关职业经历的领导者会更加重视安全投入。

第七章　结论

一、主要结论

民用航空安全投入对于保障我国民用航空事业的安全水平和经济效益均有重要的意义。目前，我国民用航空安全投入不足只是显现出的表象，其本质在于我国民用航空安全投入机制的不完善。保障安全投入管理制度的落实和安全投入资金的合理使用，需要在厘清安全投入机制内在机理的基础上，有效构建政府对民用航空企业安全投入监管的激励相容机制，健全安全投入评价体系指导民用航空企业合理配置安全投入的资源，逐步形成民用航空安全投入的长效机制。

本书综合运用安全经济学、安全管理学、制度经济学、博弈论等相关理论和方法，在分析我国民用航空现有的安全管理模式及安全管理体系的基础上，深入分析安全投入机制的内在机理，构建民用航空安全投入的流变—突变理论模型。主要研究结论如下：

（1）安全投入是保障安全生产与运营、改善作业环境、处理工伤事故、预防职业病危害等消耗的人力、物力以及财力。安全投入分为主动性安全投入和被动性安全投入，主动性安全投入包括安全管理费、安全工程费、安全设备费、安全教育培训费、安全科研经费、安全奖金等，是安全的保证成本。被动性安全投入包括事故处理费、事故赔偿费、职业病治疗费等，是安全的损失成本。一般来说，主动性安全投入越高，系统安全性越高，发生事故的风险越小，被动性安全投入越少；反之，主动性安全投入越低，发生事故的风险越大，被动性安全投入越多。安全投入不仅能产生经济效益，而且可以促进企业长远的健康发展，当安全投入总量最低，而安全效益最大时，是安全投入最优。

（2）梳理安全投入的各项影响因素，以及我国民用航空安全管理的发展历程和现有的模式，阐述我国民用航空领域参与各方的关系，及其之间存在的委托—代理关系，在此基础上，运用博弈论构建了中央政府（民航局）与地方政府（地区管理局）、地方政府（地区管理局）与民用航空企业、民用航空企业与民用航空从业人员三组博弈模型。分析发现中央政府（民航局）的监察力度和地方政府（地区管理局）的监管力度尚未发挥其最大的效力，民用航空企业安全投入受到四项因素的制约：地方政府（地区管理局）监管成本，安全不达标受到的处罚，安全达标民用航空企业提供的劳动报酬以及民用航空从业人员离开不达标企业遭受的损失。

（3）依据我国政府及民用航空企业的实际，构建单任务及多任务的委托—代理模型。作为“经济人”的政府和民用航空企业均要追逐自身利益的效用最大化，而实际上，政府和民用航空企业间存在信息不对称的问题，因此，需要形成激励相容机制，即使政府（委托人）和民用航空企业（代理人）均达到各自利益的效用最大化，促进安全投入的落实。根据研究发现，单任务委托—代理模型最优激励条件下，民用航空企业管理者安全投入的意愿受激励程度与其努力成本系数、绝对风险规避度、收入方差呈负相关关系；多任务委托—代理模型最优激励条件下，民用航空企业管理者安全投入的相对意愿和政府相对激励强度，与不同任务受重视程度正相关，与民用航空企业管理者绝对风险规避度负相关，与不同任务的民用航空企业管理者收入方差正相关。

（4）基于“理性经济人”假设、“多多益善”假设以及“边际效用递减”假设，民用航空安全投入是必要的，并且在合理的数量和规模范围内才能发挥最大的效用。对于同一时期的不同企业或同一企业的不同时期，安全投入的数量和规模都是不同的，就要求决策者使用各种安全投入决策方法，依照科学的安全投入决策程序，做出科学的决策，并予以实施。因此，将流变—突变理论应用于民用航空安全投入问题的研究，民用航空安全投入的效果呈现安全流变—突出的特征，构建模型，分别对民用航空企业期初一次性安全投入和后续安全投入的效果进行分析发现，安全投入可以分为流变阶段和突变阶段。安全流变阶段又分为不安全度减速增加阶段、不安全度稳定发展阶段、不安全度加速发展阶段以及灾害的启动与发展阶段。所以安全投入不能仅在期初一次性投入，必须在最佳安全时段及不安全度加速发展阶段进行后续投入，最迟不能迟于安全突变预警点，才能保证系统安全流变阶段尽可能延长，最大程度发挥安全投入的效用。

二、主要创新点

（1）构建我国民用航空安全投入的中央政府（民航局）与地方政府（地区管理局）、地方政府（地区管理局）与民用航空企业、民用航空企业与民用航空从业人员三组博弈模型，研究民用航空安全投入问题的内在机理。

（2）构建单任务与多任务的政府与民用航空企业委托—代理模型，分析两种模型中安全投入的相对强度与相关变量的关系，构建政府与民用航空企业间的激烈相容模型。

（3）将流变—突变理论应用与民用航空安全投入决策，证明民用航空安全投入的效果随时间发展呈现安全流变—突变的特征，安全流变阶段分为不安全度减速增加阶段、不安全度稳定发展阶段、不安全度加速发展阶段以及灾害的启动与发展阶段，安全投入应持续进行，后续安全投入的最佳时段是不安全度假设发展阶段，不能迟于突变预警点。

（4）本章从行为传染、行为经济学及领导者个人特质三个视角分析了民用航空企业安全投入决策，为民用航空企业安全投入决策行为的研究提供了新的研究视角。

三、展望

民用航空安全投入是一个复杂的问题，涉及范围极广，本书主要运用博弈论、委托—代理理论及流变—突变理论研究了民用航空的安全投入问题，得到了一些结论，但还需要更进一步的研究。

首先，未能深入对民用航空法律、科技等因素对安全投入的影响做进一步研究，未来需要进一步拓展。

其次，对于流变—突变模型，没有进行实证研究，这也是由我国目前安全投入问题的现实决定的，企业对安全投入问题讳莫如深，数据收集难以获取，实证工作难以进行。

最后，本书所提出的建议没有在实践中进行检验，在今后的研究中需要进一步完善。

参考文献

［1］ Alchian A. Uncertainty, Evolution and Economic Theory ［J］. Journey of Political Economy 1950 (58): 211–221.

［2］ Bell D E. Regret in Decision Making under Uncertainty ［J］. Operations Research, 1982, 30 (5): 961–981.

［3］ Bikhchandani S D. Hirshleifer, Welch I. A theory of Fads, Fashion, Custom, and Cultural–change as Informational Cascades ［J］. Journal of Political Economy, 1992, 100 (5): 992–1026.

［4］ Brody B, Letourneau Y, Poirier A. An Indirect Cost Theory of Work Accident Prevention ［J］. Journal of Occupational Accidents, 1990 (13): 255–270.

［5］ Cam Caldwell, Ranjan Karri. Organizational Governance and Ethical Systems: A Covenantal Approach to Building Trust ［J］. Journal of Business Ethics, 2005 (58): 249–259.

［6］ Carroll A B, Buehholtz A K. Business & Society: Ethics and Stakeholder management ［M］. 5th ed. Ohio: South–Western, 2003: 17–19.

［7］ Chiu P C, Teoh S H, Feng T. Board Interlocks and Earnings Management Contagion [J]. The Accounting Review, 2013, 88 (3): 915-944.

[8] Clarkson, Max B E. Defining, Evaluating, and Managing Corporate Social Performance: The Stakeholder Management Model, in Research in Corporate Social Performance and Policy [M]. L. E. Preston, Greenwich, CT: JAI Press, 1991.

[9] Clarkson M A. Stakeholder Framework for Analyzing and Evaluating Corporate Social Performance [J]. Academy of Management Review, 1995, 201: 92-117.

[10] Correia M M. Political connections, SEC enforcement and accounting quality [J]. SSRN Working Paper, 2009.

[11] Cressey D R. The Criminal Violation of Financial Trust [J]. American Sociological Review, 1950, 15 (6): 738-743.

[12] Davis, Keith, Blomstrom, Robert L. Business and Its Environment [M]. McGraw-Hill Book Company, 1966: 185-204.

[13] D. 安德列奥尼. 职业性事故与疾病的经济负担 [M]. 宋大成, 译. 北京: 中国劳动出版社, 1992.

[14] Elyce Biddle, Tapas Ray, Kwame Owusu - Edusei Jr. Thomas Camm. Synthesis and Recommendations of the Economic Evaluation of OHS Interventions at the Company Level Conference [J]. Journal of Safety Research-ECON Proceedings, 2005 (36): 261-267.

[15] Fracassi C. Corporate Finance Policies and Social Networks [J]. Management Science, 2017, 63 (8): 2420-2438.

[16] Freeman, R E, J McVea. A Stakeholder Approach to Strategic Management [M]. M. Hitt, E, 2001.

[17] Hambrick D C, Mason P A. Upper Echelons: The Organization as A Reflection of Its Top Managers [J] . Social Science Electronic Publishing, 1984, 9 (2): 193-206.

[18] Haβ L H, Müller M A, Vergauwe S. Tournament Incentives and Corporate Fraud [J] . Journal of Corporate Finance, 2015, 34: 251-267.

[19] Holmstrom, Milgrom R. Aggregation and Linearity in the Provision of Intertemporal Incentives [J] . Econometrica, 1987 (55): 303-328.

[20] Homlstrom B, Milgrom R. Multitask Principal-agent Analyses: Incentive Contracts Asset Ownership and Job Design [J] . Journal of Economics and Organization, 1991 (7): 24-52.

[21] Hosseini H. An Economic Theory of FDI: A Behavioral Economics and Historical Approach [J] . The Journal of Socio-Economics, 2005, 34 (4): 528-541.

[22] Jensen, M C, Heckling, W H. Theory of the Firm: Managerial Behavior, Agency Costs and Ownership Structure [J] . Journal of Financial Economics, 1976 (3): 308.

[23] Jenson M, W Heckling. Theory of the Firm: Managerial Behaviors, Agency Costs and Ownership Structure [J] . Journal of Financial Economics, 1979 (3): 305-360.

[24] John T. Scholz, Wayne B Gray. OSHA Enforcement and Workplace Injuries: A Behavioral Approach to Risk Assessment [J] . Journal of Risk and Uncertainty, 1990, 3 (3): 283-305.

[25] Kahneman D, Tversky A. Choices, Values, and Frames [J] . American Psychologist Association, 1984, 39 (4): 431-450.

[26] Karen Page. Blood on the Coal: The Effect of Organizational Size and Differentiation on Coal Mine Accidents [J] . Journal of Safety Research, 2009, 40 (3): 85-95.

[27] Keeler, Theodore E. Highway Safety, Economic Behavior, and Driving Environment [J] . American Economic Review, 1994 (843): 684-693.

[28] Le Bon G. The Crowd: A Study of the Popular Mind [M] . London: Macmillian, 1897.

[29] Lieberman M B, Asaba S. Why do Firms Imitate Each Other? [J] . Academy of Management Review, 2006, 31 (2): 366-385.

[30] Loomes G, Sugden R. Regret Theory: An Alternative Theory of Rational Choice under Uncertainty [J] . The Economic Journal, 1982, 92 (368): 805-824.

[31] McCaffrey, D. An Assessment of OSHA's Recent Effects on Injury Rates [J] . The Journal of Human Resources, 1983, 18 (1) .

[32] Mellers B A, Schwartz A, Ritov I. Emotion-basedchoice [J] . Journal of Experimental Psychology, 1999, 128 (9): 332-345.

[33] Mitchell A, Wood D. Toward a Theory of Stakeholder Identification and Salience: Defining the Principle of Who and What really Counts [J] . Academy of Management Review, 1997, 224: 853-886.

[34] Nash, J. Non-cooperative Games [J] . Annals of Mathematics, 1951, 54: 286-95.

[35] Nash, J. The Bargaining Problem [J] . Econometrical, 1950 (18): 155-162.

[36] Perrino K A. Top Team Environment and Performance Effects on Strate-

gic Planning Formality [J], Goup and Organization Management, 2005 (2): 125-141.

[37] Ross S A. Compensation, Incentives, and the Duality of Risk Aversion and Riskiness [J]. The Journal of Finance, 2004, 59 (1): 207-225.

[38] Ruser J, S Robert. Re-estimating OSHA's Effects: Have the Data Changed [J]. The Journal of Human Resources, 1991, 6 (2).

[39] Sah R K. Social Osmosis and Patterns of Crime [J]. Journal of Political Economy, 1991, 99 (6): 1272-1295.

[40] Sauner-Leroy J B. Managers and Productive Investment Decisions: The Impact of Uncertainty and Risk Aversion [J]. Journal of Small Business Management, 2004, 42 (1): 1-18.

[41] Somasundaram J, Diecidue E. Regret Theory and Risk Attitudes [J]. Journal of Risk and Uncertainty, 2017, 55 (2-3): 147-175.

[42] Stiglitz, Weiss. Credit Rationing in Market with Imperfect Information [J]. American Economic Review, 1981 (77): 393-410.

[43] Viscusi, W K. The Impact of Occupation Safety and Health Regulation, 1973 - 1983 [J]. The Rand Journal of Economics, 1986, 17 (4): 234-268.

[44] Viscusi, W K. Wealth Effects and Earning Premiums for Job Hazards [J]. Review of Economics and Statistics, 1978 (60).

[45] Waller M J, Glick W H. Functional Background as A Determinant of Executives' Selective Perception [J]. Academy of Management Journal, 1995, 38 (4): 943-974.

[46] Wheeler L. Toward a Theory of Behavioral Contagion [J]. Psychologi-

cal Review, 1966, 73 (2): 179-192.

[47] Zeelenberg M, Beattie J. Consequences of Regret Aversion 2: Additional Evidence for Effects of Feedback on Decision Making [J]. Organizational Behavior and Human Decision Processes, 1997, 72 (1): 63-78.

[48] Zeelenberg M. Anticipated Regret, Expected Feedback and Behavioral Decision Making [J]. Journal of Behavioral Decision Making, 1999, 12 (2): 93-106.

[49] 中国民用航空局. 2013 年民航行业发展统计公报 [S]. 2014.

[50] 曾初云，杨思留，刘超捷. 基于法律经济学的分析——论煤矿生产安全事故频发的原因 [J]. 煤矿安全，2006，37 (12)：76-80.

[51] 曾胜. 用博弈模型分析煤矿事故行为 [J]. 重庆三峡学院学报，2005 (2)：82-84.

[52] 陈宝智. 安全原理（第二版） [M]. 北京：冶金工业出版社，2002.

[53] 陈宏辉. 企业的利益相关者理论与实证研究 [D]. 杭州：浙江大学博士学位论文，2003：69-73.

[54] 陈敏，杜才明. 委托代理理论述评 [J]. 中国农业银行武汉培训学院学报，2006 (6)：76-78.

[55] 陈全君，何学秋. 系统安全发展规律与安全投入决策的研究 [M]. 北京：中国矿业大学出版社，2006.

[56] 陈仕华，卢昌崇. 企业间高管联结与并购溢价决策——基于组织间模仿理论的实证研究 [J]. 管理世界，2013 (5)：144-156.

[57] 陈仕华，马超. 企业间高管联结与慈善行为一致性——基于汶川地震后中国上市公司捐款的实证研究 [J]. 管理世界，2011 (12)：87-95.

［58］辞海［M］. 上海：上海辞书出版社，1997：2862.

［59］段海峰，王立杰，荆全忠. 煤矿安全投入和安全成本的界定［J］. 中国安全科学学报，2006，16（6）：65-70.

［60］冯杰，李思义，张发明. 以安全经济学原理探讨煤矿事故的控制途径［J］. 煤矿安全，2009，40（9）：48-50.

［61］付茂林，黄定轩. 存在腐败的煤矿安全监察进化博弈分析［J］. 中国煤炭，2006（8）：67-71.

［62］谷源盛. 运筹学［M］. 重庆：重庆大学出版社，2001：8.

［63］国务院办公厅. 国务院办公厅关于印发中国民用航空地区行政机构职能配置机构设置和人员编制规定的通知［EB/OL］. 中国民航局网站，http：//www. caac. gov. cn，2002.

［64］韩冀倩. 组建交通运输部加快形成综合运输体系［N］. 现代物流报，2008-03-12（A01）.

［65］何学秋. 安全工程学［M］. 徐州：中国矿业大学出版社，2003：6.

［66］何学秋. 中国煤矿灾害防治理论与技术［M］. 徐州：中国矿业大学出版社，2006.

［67］侯立峰，何学秋. 安全投资决策优化模型［J］. 中国安全科学学报，2004，14（10）：29-32.

［68］黄盛仁. 安全经济效益评价理论及模型研究［D］. 北京：中国地质大学博士学位论文，2003：15.

［69］康芒斯. 制度经济学［M］. 于树生，译. 北京：商务印书馆，1997.

［70］李豪峰，高鹤. 我国煤矿生产安全监管的博弈分析［J］. 煤炭经

济研究，2004（7）：72-75.

［71］李树刚，成连平，景兴鹏，等．煤矿安全投入评价指标体系构建方法研究［J］．中国安全科学学报，2009，5（5）：93-96.

［72］李祥，汪莉，贺耀荣等．安全投资经济分析与效益评价［J］．中国安全科学学报，2005，15（3）：26-29.

［73］李毅中．李毅中在首届“中国企业安全生产高层论坛”上的讲话［EB/OL］．http：//www. chinasafety. gov. cn/zhengwugongkai/2005-07/15/content_116182. htm.

［74］刘超捷．论煤矿安全投入法律制度的完善［J］．法学杂志，2010（11）：78-81.

［75］刘海波．安全生产管制研究［D］．吉林：吉林大学硕士学位论文，2004.

［76］刘伟，王丹．安全经济学［M］．徐州：中国矿业大学出版社，2008：256-274.

［77］刘振翼，冯长根，彭爱田，等．安全投入与安全水平的关系［J］．中国矿业大学学报，2003，32（4）：47-51.

［78］卢国志，李希勇，宁方淼．煤矿安全指标评价体系研究及应用［J］．安全与环境学报，2003，3（3）．

［79］陆蓉，常维．近墨者黑：上市公司违规行为的“同群效应”［J］．金融研究，2018，（8）：172-189.

［80］罗云．安全经济学［M］．北京：化学工业出版社，2004.

［81］罗云．安全经济学导论［M］．北京：经济科学出版社，1993.

［82］罗云．事故分析预测与事故管理［M］．北京：化学工业出版社，2006.

[83] 罗云等．安全经济学［M］．北京：化学工业出版社，2004：15-17，213-259.

[84] 马亮．煤炭企业实现安全生产的有效办法研究［J］．新型工业化，2019，9（12）：122-125.

[85] 民航局规划发展司．从统计看民航（2020）［M］．北京：中国民航出版社，2020.

[86] 聂辉华，蒋敏杰．政企合谋与矿难：来自中国省级面板数据的证据［J］．经济研究，2011（6）：146-156.

[87] 戚安邦，刘广平．基于体制视角的煤矿矿难成因及对策研究［J］．中国安全科学学报，2010，20（8）：22-29.

[88] 钱永坤．煤炭工业经济实证研究［M］．北京：煤炭工业出版社，2005：51-55.

[89] 汤凌霄，郭熙保．我国现阶段矿难频发成因及其对策：基于安全投入的视角［J］．中国工业经济，2006（12）：53-59.

[90] 田高良，李星，司毅，张睿．基于连锁董事视角的税收规避行为传染效应研究［J］．管理科学，2017（4）：48-62.

[91] 田水承．现代安全经济理论与实务［M］．徐州：中国矿业大学出版社，2004.

[92] 田水承．现代安全经济理论与实务［M］．徐州：中国矿业大学出版社，2004.

[93] 汪赛，李新春，彭红军．基于安全效益分析的煤炭企业安全投入决策模型［J］．统计与决策，2009（5）：52-54.

[94] 王德维．建立煤矿安全生产长效机制探析［J］．矿业安全与环保，2004，31（3）：19-28.

[95] 王端武．国家安全生产保障理论及其应用研究［D］．阜新：辽宁工程技术大学博士学位论文，2005.

[96] 王寒秋．煤矿安全投入与经济效益关系浅析［J］．中国煤炭，2005，31（5）：60-61.

[97] 王凯全，邵辉．事故理论与分析技术［M］．北京：化学工业出版社，2004.

[98] 王乐夫，等．公共管理学原理、体系与实践［M］．北京：中国人民大学出版社，2007.

[99] 王鹏举．对经济学基本假设的反思［J］．经济与管理，2003（7）：61-63.

[100] 王世龙．社会网络中的行为传染研究述评［J］．人民论坛，2016，8（54）：164-166.

[101] 肖兴志，孙阳．煤矿安全规制的理论动因、标准设计与制度补充［J］．产业经济研究，2006（4）：62-67.

[102] 肖兴志，赵杨．煤矿安全规制的委托—代理模型分析［J］．财贸研究，2009（3）：80-87.

[103] 殷卫峰．煤矿安全投入的经济效益分析［J］．煤炭经济研究，2008（9）：67-68.

[104] 袁江天，张维．多任务委托代理模型下国企经理激励问题研究［J］．管理科学学报，2006（6）：45-53.

[105] 运筹学教材编写组．运筹学［M］．北京：清华大学出版社，1999.

[106] 张杰，苗金明，周心权，等．安全生产效益的分析评价及其与安全投入的关系［J］．中国安全科学学报，2009，19（3）：49-54.

［107］张力，何学秋．安全科学的“R-M”基本理论模型研究［J］．中国矿业大学学报，2001，30（5）：425-428.

［108］张艳丽．“理性经济人”假设与新制度经济学［J］．重庆邮电学院学报，2005（5）：672-673.

［109］徐圣清．浅谈安全工作的效益［J］．中国职业安全卫生管理体系认证，2003（2）：60.

［110］张跃庆，张念宏．经济大辞海［M］．北京：海洋出版社，1992.

［111］赵文霞，潘博．执法成本、政企合谋与煤矿安全——基于中国煤矿安全事故的实证分析［J］．大连海事大学学报（社会科学版），2011，10（1）：56-60.

［112］赵颖．中国上市公司高管薪酬的同群效应分析［J］．中国工业经济，2016（2）：114-129.

［113］赵正宏．安全生产五要素的理论与实践［M］．北京：中国农业科学技术出版社，2006：148-150.

［114］郑爱华．煤矿安全投入规模与结构分析及政府安全分类监管研究［D］．江苏：中国矿业大学博士学位论文，2009.

［115］支晓强，孙健，王永妍，王柏平．高管权力、行业竞争对股权激励方案模仿行为的影响［J］．中国软科学，2014（4）：111-125.

［116］中国民航局．民航发展史［EB/OL］．中国民航局网站，http：//www.caac.gov.cn，2004.

［117］中国民航局．中国民航局内部资料［S］.2014.

［118］中国民航局规划发展财务司．中国民航年主要运输生产指标统计［EB/OL］．中国民航局网站，http：//www.caac.gov.cn，2007.

［119］中国民航局规划发展财务司．中国民航年主要运输生产指标统计

[EB/OL]．中国民航局网站，http：//www. caac. gov. cn，2015.

［120］中国民用航空局．“十四五”民用航空安全生产专项规划［S］.2022.

［121］中国民用航空局.“十四五”民用航空发展规划［S］.2021.

［122］中国民用航空总局.CAAC 行政执法手册（CCAR116）［S］．中国民用航空总局，2003.

［123］中国社会科学院语言研究所词典编辑室．现代汉语词典：2002 年增补本［M］．北京：商务印书馆，2005：7.

［124］周三多．管理学—原理与方法［M］．上海：复旦大学出版社，1997（4）．

［125］周松元，伍洪波．湖南煤矿瓦斯治理现状与对策分析［J］．湖南安全与防灾，2009（3）：49-50.

［126］周晓苏，王磊，陈沉．企业间高管联结与会计信息可比性——基于组织间模仿行为的实证研究［J］．南开管理评论，2017（3）：100-112.